QUEM VOCÊ QUER SER?

Universidade Estadual de Campinas

Reitor
Antonio José de Almeida Meirelles

Coordenadora Geral da Universidade
Maria Luiza Moretti

Conselho Editorial

Presidente
Edwiges Maria Morato

Carlos Raul Etulain – Cicero Romão Resende de Araujo
Frederico Augusto Garcia Fernandes – Iara Beleli
Marco Aurélio Cremasco – Maria Tereza Duarte Paes
Pedro Cunha de Holanda – Sávio Machado Cavalcante
Verónica Andrea González-López

Katiani Tatie Shishito
Glaucia dos Santos Marcondes

QUEM VOCÊ QUER SER?
Migrações e transições para a vida adulta entre Brasil e Japão

FICHA CATALOGRÁFICA ELABORADA PELO
SISTEMA DE BIBLIOTECAS DA UNICAMP
DIVISÃO DE TRATAMENTO DA INFORMAÇÃO
Bibliotecária: Maria Lúcia Nery Dutra de Castro – CRB-8ª / 1724

M333q   Marcondes, Glaucia dos Santos
Quem você quer ser? – migrações e transições para a vida adulta entre Brasil e Japão / Katiani Tatie Shishito e Glaucia dos Santos Marcondes. – Campinas, SP : Editora da Unicamp, 2024.

1. Japoneses – Brasil – História. 2. Imigrantes – Brasil - História. 3. Nipo-brasileiros. 4. Juventude. I. Shishito, Katiani Tatie. II. Título.

CDD – 305.895608162
– 325.981
– 325.1520981
– 305.23

ISBN 978-85-268-1627-5

Copyright © by Glaucia dos Santos Marcondes e Katiani Tatie Shishito
Copyright © 2024 by Editora da Unicamp

Opiniões, hipóteses e conclusões ou recomendações expressas neste livro são de responsabilidade das autoras e não necessariamente refletem a visão da Editora da Unicamp.

Direitos reservados e protegidos pela lei 9.610 de 19.2.1998.
É proibida a reprodução total ou parcial sem autorização, por escrito, dos detentores dos direitos.

Foi feito o depósito legal.

Direitos reservados a

Editora da Unicamp
Rua Sérgio Buarque de Holanda, 421 – 3º andar
Campus Unicamp
CEP 13083-859 – Campinas – SP – Brasil
Tel./Fax: (19) 3521-7718 / 7728
www.editoraunicamp.com.br – vendas@editora.unicamp.br

À tia Dega (*in memoriam*),
referência de dignidade,
amor e afeto.

AGRADECIMENTOS

Agradecemos a todos os jovens que nos cederam tempo e espaço para contar sobre suas vidas e que fizeram com que esta pesquisa pudesse se aprofundar no entendimento sobre a transição para a vida adulta e a migração. Suas histórias foram consideradas em cada detalhe, de forma sensível, e possibilitaram o nascimento deste livro, como apresentamos aqui.

Este trabalho foi realizado graças a uma ampla rede de apoios, pessoais e institucionais. Agradecemos àquelas que nos acompanharam nesse caminho: Rosana Baeninger, Maria Coleta de Oliveira e Joice Vieira. Todas tiveram grande influência nos estudos sobre migração e transição para a vida adulta e na produção deste trabalho.

Como parte de tese de doutorado, a pesquisa que compõe este trabalho foi realizada com apoio da Coordenação de Aperfeiçoamento de Pessoal de Nível Superior (Capes). Agradecemos pelo apoio, entendendo a segurança material como algo estreitamente relacionado com nossa saúde e nosso bem-estar para a execução das atividades diárias. No mesmo sentido, agradecemos a todos os professores e professoras do Departamento de Demografia, aos funcionários e servidores do Núcleo de Estudos de População "Elza Berquó" (Nepo) e do Instituto de Filosofia e Ciências Humanas (IFCH) da Unicamp, pelo apoio e pela estrutura providenciada no ambiente acadêmico.

Este livro existe, especialmente, graças à rede de mães/amigas que se elevam juntas no ambiente acadêmico, mas não só nele; sem essa rede seria muito difícil a realização deste e de outros trabalhos de nossas vidas. Por fim deixamos registrado aqui o apoio de todos os amigos e amigas que nos acompanharam ao longo desses anos; amigos e amigas da vida, que são também professores e colegas nessa jornada. A amizade se mostrou como o tipo de relação mais enriquecedor do caminho para a vida adulta.

*É sempre mais difícil
ancorar um navio no espaço.*

(Ana C., *Recuperação da adolescência*)

SUMÁRIO

APRESENTAÇÃO 13

INTRODUÇÃO 15

CAPÍTULO 1 – Migrações: deslocamentos e descontinuidades 23
    1.1 Migrações Brasil e Japão, uma longa história, muitas gerações 28
    1.2 Migrações transnacionais e a condição de imigrante 51
    1.3 Filhos de imigrantes nipo-brasileiros e o retorno: de volta para onde? 57

CAPÍTULO 2 – Curso de vida e transição para a vida adulta ... 75
    2.1 Curso de vida nas sociedades capitalistas contemporâneas 79
    2.2 Tempo histórico, tempo familiar, tempo individual: curso de vida e migrações transnacionais 82
    2.3 A trajetória migratória e a transição para a vida adulta: *turning points* possíveis? 90

CAPÍTULO 3 – O percurso de uma pesquisa na busca de sentidos 95
    3.1 A pesquisa de campo 97

3.2 Histórias de vida: passagens entre tempos e espaços...... 102
3.3 Como captar os sentidos?...... 105
3.4 Os jovens que compõem a pesquisa de campo...... 108

CAPÍTULO 4 – A família, a casa, a escola, e o chão que foge aos pés...... 111

4.1 Rumo ao Japão: o chão que foge aos pequenos pés...... 113
4.2 A suspensão temporária: entre escolas, trabalhos e retornos...... 130
4.3 Sobreposições de escola e trabalho entre Japão e Brasil...... 148

CAPÍTULO 5 – Trans/migrando para a vida adulta...... 157

5.1 Pousando com turbulência: há terra firme no Brasil?...... 157
5.2 Curso de vida e migração: quando e como migrar faz diferença?...... 167
5.3 De corpo presente? – A transição para a vida adulta hoje e amanhã...... 179
5.4 A conquista do próprio chão: a saída de casa como principal marcador de transição...... 193
5.5 Quais futuros possíveis?...... 204

CONSIDERAÇÕES FINAIS...... 209

REFERÊNCIAS...... 221

APRESENTAÇÃO

Refletir sobre as trajetórias de vida de grupos sociais sempre nos desafia na busca por melhor entendimento de quanto e como contextos macrossociais e microssociais se entrelaçam. Vidas particulares que também são parte de uma vivência coletiva. As páginas contidas neste livro exibem parte do fruto de esforços individuais e coletivos para traduzir a complexidade das várias camadas do "ser". No caso, o ser adulto. O que é ser adulto em nosso mundo contemporâneo? Em particular, o que é se tornar um adulto em um contexto marcado por signos de uma cultura específica e por deslocamentos entre dois continentes?

A transição para a vida adulta é a fase que será tratada neste livro. Período esse que envolve uma gama de eventos (escolarização, entrada no mercado de trabalho, primeiras experiências afetivo-sexuais, formação de família) circunscritos por valores e práticas herdados e adquiridos, assim como por oportunidades e constrangimentos sociais. Nosso olhar não se volta para todos os jovens, mas especificamente para jovens imigrantes de origem japonesa.

O tema constitui um desdobramento da trajetória de pesquisa trilhada por Katiani Tatie Shishito a partir do seu mestrado em Demografia. Entre os achados de sua dissertação *A expectativa temporal e a permanência de brasileiros no Japão*, defendida em 2012, destaca-se a recorrência de o projeto migratório inicialmente tratado como de curto prazo se tornar uma permanência por tempo indeterminado. O que, consequentemente, propiciava contextos de formação de famílias e uma geração de crianças e jovens imigrantes brasileiros no Japão. Um fenômeno nada desprezível, a ponto de ser reconhecido na literatura existente como uma "segunda geração de imigrantes". Embora essa geração despertasse interesse, as crianças em idade escolar detinham a maior atenção e muito pouco se sabia e se refletia sobre a condição dos adolescentes.

Em decorrência de um seminário acadêmico sobre transição para a vida adulta, as inquietações relacionadas a essa lacuna se tornaram mais concretas na medida em que abriram espaço para Katiani refletir sobre sua própria história de vida, enquanto neta de japoneses que emigrou com sua família para o Japão, aos 13 anos de idade. Essa condição de imigrante refletir-se-ia não apenas em especificidades sobre como viveu os eventos, mas também na forma como entende a própria transição para a vida adulta. Um entendimento de que, muito embora tenha vivido vários dos eventos, sua percepção é de uma transição que não estaria completa. Ainda faltaria algo para ser uma adulta por completo. Munida dessas inquietações, deu seguimento para que elas se tornassem um projeto de pesquisa sobre as influências do processo migratório na transição para a vida adulta de jovens adultos hoje. Um processo de pesquisa no qual tive o prazer de ser inserida, lendo, discutindo e aprendendo, o que culminou na tese de doutoramento em Demografia *"Quem" você quer ser quando crescer? Entre tempos e espaços – passagens pela migração e vida adulta*, defendida em 2022.

De fato, este livro é fruto de um belo trabalho que abriga as muitas marcas que emergem das reflexões sobre "tornar-se", "ser" e "sentir-se" adulto, revelando novas e velhas dimensões sobre o contexto das migrações internacionais contemporâneas. Boa leitura!

Glaucia dos Santos Marcondes

INTRODUÇÃO

O nome define um ser, ao menos em sua identidade mais básica. Quando nos perguntam "quem é você?", normalmente pensamos em nosso nome, nossa filiação (familiar, institucional, comunitária, entre outras), naquilo que já fomos e somos. Mas, quando nos perguntam "quem você quer ser?", quais seriam os principais parâmetros da definição almejada? O nome foi herdado por nós, representa o que recebemos de gerações anteriores, nosso passado. As escolhas e os papéis que adotamos ao longo da vida representam como nos identificamos no presente, construindo o futuro. Essas escolhas conformarão as transformações e/ou as continuidades de nossas histórias, a forma como cresceremos, amadureceremos e floresceremos ou não, como pessoas e como sociedade.

Neste trabalho buscamos explorar a transição para a vida adulta com o olhar para essa fase da vida, em que escolhas fundamentais para a construção do ser enquanto sujeito político e social são feitas, a partir de valores e práticas herdadas e adquiridas. Olhamos para essa questão sob esse eixo que considera espaços sociais e tempos históricos em transformação e transposições. Isso porque abordamos aqui a transição para a vida adulta entre jovens imigrantes. São jovens/adultos que atravessam esse processo no limiar de tempos históricos em transformações aceleradas e em um espaço social ampliado: transnacional.[1] Eles cresceram como filhos de imigrantes brasileiros no Japão e passavam pelo processo de transição para a vida adulta no Brasil, no período da realização desta pesquisa.

Assim, este livro trabalha com a intersecção de dois temas caros às Ciências Sociais em geral e à Demografia em específico: a Transição para a vida adulta e as Migrações Internacionais contemporâneas. Trabalhar a relação entre dois temas é sempre um desafio, de forma que é preciso conhecer ambos de perto para que se possam delinear os principais aspectos de cada um na construção da relação. O conteúdo aqui apresentado faz parte de um longo processo de reflexões e achados que se iniciou no mestrado e prosseguiu até a finalização do doutorado em Demografia.[2]

O ponto de partida para o desenvolvimento dessa temática se deu a partir da expectativa temporal da imigração de brasileiros no Japão. Naquela ocasião pudemos observar como um projeto migratório que se fazia quase sempre de curto prazo acabava por se prolongar indefinidamente no tempo. Esse fenômeno da permanência de brasileiros no Japão como imigrantes trazia, por consequência, a formação de famílias e o crescimento de uma população de crianças e jovens imigrantes brasileiros no Japão.[3] Esses filhos de imigrantes têm sido considerados como a "segunda geração de imigrantes" pela literatura das migrações internacionais.[4]

No contexto específico entre Brasil e Japão, alguns trabalhos sobre essa temática começavam a ser realizados com as crianças em idade escolar. Os debates circundavam a temática da adaptação nas escolas, tanto no Japão quanto em relação ao retorno ao Brasil.[5]

[1] Glick-Schiller, 1997, pp. 15-24.
[2] Este livro se apresenta como parte dos resultados da pesquisa realizada no âmbito do doutorado em Demografia. Ver Shishito, 2022.
[3] Shishito, 2012.
[4] Portes, 1996; Maxwell, 2009.
[5] Nakagawa, 2005; Ishikawa, 2012.

Entretanto, a questão dos jovens filhos de imigrantes ainda era pouco abordada na literatura sobre o tema. Um seminário sobre transição para a vida adulta realizado no Núcleo de Estudos de População "Elza Berquó" (Nepo) da Unicamp fez emergir inquietações sobre a urgência de aprofundamentos dessa temática no contexto migratório internacional. Ao longo do seminário, os especialistas discorriam sobre os eventos ligados à transição para a vida adulta sob a perspectiva sociodemográfica e suas possíveis ordens, *timings* e reversibilidade. Os cinco principais eventos eram i) a saída do sistema educacional, ii) a entrada no mercado de trabalho, iii) a formação de domicílio independente, iv) o início de união conjugal e v) o nascimento de filhos. Esses eventos marcariam a entrada na vida adulta da população considerada jovem, que eram aqueles que tinham entre 15 e 29 anos de idade no Brasil.

Naquele momento foi inevitável não pensar nas próprias transições e trajetórias e no fato de que, apesar de atingir uma idade na qual a maioria ou quase todos os eventos discutidos já se faziam presentes, restava uma certa sensação de incompletude. Havia ainda algum lugar a se chegar. Ao contemplar a própria condição pessoal, essa percepção seria compartilhada por outros jovens adultos? Um questionamento em particular sobressaiu. Vivenciar essas transições na condição de migrante seria um fator contribuinte para essa sensação de incompletude? E foi assim que surgiu este trabalho, com uma curiosidade sociológica e demográfica que culminou nos questionamentos e nos achados sobre as influências do processo migratório durante a infância e a adolescência, na transição para a vida adulta de jovens adultos contemporâneos.

Uma vez considerados os fenômenos principais de que trata a pesquisa – a migração e a transição para a vida adulta –, buscamos delinear as principais hipóteses que nortearam a investigação, tendo como foco, sobretudo, a relação tempo-espaço na transição à adultez.

Interessa-nos entender a experiência dessa passagem entre fases da vida de dois pontos de vista. De um lado, como processo social e coletivo, buscando as regularidades e assincronias na sucessão do curso de vida. Trata-se de analisar o conjunto de eventos sociodemográficos associados à idade, de modo a revelar o panorama em que se movem os jovens a caminho da vida adulta. De outro, a transição à vida adulta foi tratada como experiência vivida e reflexiva, buscando captar a percepção e as representações dos indivíduos acerca dos processos pelos quais estavam passando.

A questão central deste livro pode ser resumida nas seguintes perguntas: O que é ser adulto nas sociedades capitalistas contemporâneas? Como se tornar adulto em contexto migratório transnacional? Essas perguntas têm, é preciso enfatizar, contornos dados pelo contexto histórico em que se dão as experiências de passagem para a vida adulta. Trata-se de momento marcado pela passagem de um capitalismo industrial para um capitalismo global,[6] envolvendo transformações sociais com inúmeras consequências, principalmente nas novas relações entre tempo-espaço[7] e na despadronização do curso de vida.[8] Nesse contexto histórico-social, as migrações internacionais podem ser vistas como uma "contrapartida da reestruturação territorial planetária intrinsecamente relacionada à reestruturação econômico-produtiva em escala global".[9]

A formação pessoal não está deslocada do contexto social em que ocorre, pelo contrário, há uma relação íntima e dialética entre indivíduo e sociedade e seus valores. Os referenciais socioculturais e

---

[6] Embora essas transformações possam variar no período de acordo com o contexto, não adotamos um recorte rígido para a interpretação das transformações. Trata-se de mudanças ocorridas entre as três últimas décadas do século XX e as primeiras do século XXI.
[7] Harvey, 1998.
[8] Brückner & Mayer, 2005.
[9] Patarra & Baeninger, 2006, p. 84.

demográficos serão em alguma medida os norteadores da reprodução social e/ou da resistência a ela.

A identidade de imigrante está relacionada ao lugar de pertencimento, de nascimento e de vivência. As identidades que adquirimos e sustentamos ao longo da vida são, de fato, relacionais. Uma das questões que surgiu durante o desenvolvimento deste trabalho foi a forma como nomearia o grupo que compõe a pesquisa. Ao nascer ganhamos um nome (que nos conecta a um tempo e um espaço) e, ao longo da vida, passamos por experiências nos círculos familiares e sociais e vamos adquirindo novas denominações dentro (e fora) das relações.

Neste livro, o grupo de jovens pesquisado era formado por filhos de imigrantes brasileiros no Japão. Poderíamos pensar, dessa forma, em adotar a terminologia mais utilizada nos estudos migratórios, que denominam essas crianças e esses jovens como "segunda geração" de imigrantes. Entretanto, embora no Japão essa população se configure de fato como uma segunda geração de imigrantes, no Brasil eles eram filhos, netos e bisnetos (segunda, terceira e quarta gerações) também dos imigrantes japoneses que vieram para o país no início do século XX.

Alguns estudos utilizam o termo "filhos de imigrantes", o qual nos pareceu o mais adequado a fim de evitar a denominação através do olhar geracional, que toma a migração como marco inicial de identificação. Assim se tornou possível situar o grupo do estudo em questão, de forma mais direta, sem nos perdermos nas diversas fases e formas que o processo migratório ganhou ao longo do tempo entre essa população. Além disso, tratar esse grupo como filhos os colocava em referência direta com a relação dentro da família. Trabalhamos com jovens que estavam a transitar entre a condição de filhos, relativamente dependentes e que almejavam conquistar a condição de adultos, ainda que isso pudesse ou não implicar que se tornassem pais ou mães.

Uma vez considerada a dinâmica espacial que delineou e compôs o grupo de jovens, olhamos também para as questões relativas à dinâmica temporal ao longo da trajetória biográfica desses jovens filhos de migrantes. Do ponto de vista sociológico, interessava saber quais valores e modos de vida as pessoas mobilizavam em suas vivências para se desenvolverem e serem formadas a partir desses referenciais institucionais, sociais e culturais de seu contexto. Do ponto de vista sociodemográfico, a vida entendida a partir de fases e idades é uma perspectiva teórico-analítica cara para a compreensão da reprodução da população ao longo do tempo, espaço social e histórico. Entender como as pessoas têm atravessado de uma fase de vida a outra e manejado os recursos disponíveis para reproduzir suas vidas, de acordo com seus anseios e valores, foi também uma questão considerada neste trabalho. Assim, as discussões que compõem este livro estão estruturadas da seguinte forma:

O primeiro capítulo trata da questão migratória e explora principalmente as relações dos imigrantes com o espaço social em que vivem. Além das relações espaciais, nesse capítulo consideramos também a relação dos imigrantes com o tempo, em que a migração, através do deslocamento espacial-temporal, enseja um certo estilo de expectativas temporais, alterando-as de modo que planos passam a ser feitos para prazos curtos, envolvendo eventualmente a ideia de um possível retorno.[10] Também exploramos as relações dos migrantes com o espaço social[11] e privilegiamos os aspectos referentes a essa relação com o espaço e a "identidade cultural".[12] Nesse sentido, os imigrantes brasileiros no Japão hoje apresentam uma "crise identitária" e uma relação ambígua e conflituosa com o espaço social: são japoneses

---

[10] Roberts, 1995; Shishito, 2012.
[11] Sayad, 1998.
[12] Hall, 2002.

no Brasil e brasileiros no Japão.[13] Essa crise se acentua quando nesse espaço são configuradas relações de caráter transnacional, em que há a percepção de manter relações com os dois países ao mesmo tempo, mas não se encontrar inteiramente em nenhum deles. Os filhos desses imigrantes crescem nesse contexto. Portanto, será a partir dessa experiência de base que os jovens, filhos de imigrantes, atravessarão o processo de transição para a vida adulta no Brasil.

O segundo capítulo explora a questão da transição para a vida adulta sob a ótica do curso de vida, privilegiando a dimensão temporal desse processo. Trata, dessa forma, da transição para a vida adulta no contexto contemporâneo, com características de despadronização e desinstitucionalização do curso de vida.[14] Estaria a vida organizada socialmente a partir de etapas bem delimitadas e segmentadas pelas idades? Para discutir essa questão, são levados em conta tanto estudos sob a perspectiva sociodemográfica quanto aqueles que focalizam o ponto de vista dos indivíduos, ou seja, as expectativas e as noções do tornar-se adulto em contexto contemporâneo. A ideia de uma oposição entre dependência e independência está presente tanto em uma quanto em outra perspectiva. A perspectiva sociodemográfica frequentemente analisa a transição para a vida adulta a partir de cinco principais eventos que marcam essa fase, a saber: a saída da escola, a entrada no mercado de trabalho, a saída da casa dos pais e a formação de domicílio independente, o início de união conjugal e o nascimento de filhos.[15] Do ponto de vista das dimensões individuais, o caminho para a vida adulta tem sido entendido também a partir dos processos de ganho de autonomia, liberdade, responsabilidade e independência.[16]

---

[13] Oliveira, 1998.
[14] Shanahan, 2000; Brückner & Mayer, 2005.
[15] Camarano, 2006; Vieira, 2009.
[16] Mora-Salas & Oliveira, 2009.

O terceiro capítulo do livro apresenta o percurso metodológico da pesquisa qualitativa que foi realizada com 17 jovens paulistas, descendentes de japoneses e residentes na Região Metropolitana de São Paulo e no município de Campinas. Para isso realizamos entrevistas de história de vida com jovens que cresceram no Japão e também com aqueles que tiveram toda a sua trajetória no Brasil. Durante esse processo de pesquisa, situações inesperadas nos fizeram perceber como a migração entre Brasil e Japão está muito mais presente na vida dos jovens do que havíamos imaginado inicialmente. Essas situações foram incorporadas também na forma como interpretamos os dados obtidos e trouxeram-nos um aprofundamento da compreensão dos fenômenos aqui estudados.

Por fim, nos capítulos quatro e cinco, abordamos a percepção dos próprios jovens, filhos de migrantes que cresceram no Japão, sobre sua experiência de vida e sua transição para a vida adulta. Nesses dois últimos capítulos, buscamos ouvir os jovens e entender de que forma suas percepções foram atravessadas pelas experiências transnacionais, pela formação familiar de influência cultural japonesa, pelas condições socioeconômicas, e como eles mobilizam e se relacionam com esses diversos referenciais nos momentos de tomada de decisões para a entrada e/ou a saída de eventos vitais que marcam a transição.

Para além disso também buscamos compreender as dimensões subjetivas que afetam a percepção de ser, se sentir ou se tornar adulto em contexto contemporâneo: em uma realidade transnacional, de família japonesa, no estado de São Paulo, sendo homens, sendo mulheres, mobilizando diversas identidades culturais e referenciais norteadores.

1
MIGRAÇÕES: DESLOCAMENTOS E DESCONTINUIDADES

O deslocamento espacial que caracteriza o migrante não é apenas um deslocamento físico, mas também de contatos e relações sociais, culturais e econômicos distintos, para citar apenas três grandes dimensões de nossas vidas. Embora o deslocamento seja espacial, as dimensões de espaço e tempo estão intimamente conectadas em nossa percepção da realidade.

As migrações internacionais, enquanto deslocamentos espaciais, podem ser mais bem compreendidas em suas múltiplas dimensões se consideradas a partir de processos macroestruturais. As migrações contemporâneas estão inseridas em um contexto de reestruturação produtiva no processo de globalização, sendo imprescindível que se considere uma perspectiva dos processos históricos nos quais as dinâmicas migratórias estão imersas.[1]

A partir da análise histórica das migrações internacionais na América Latina, três principais fases são consideradas até a crise econômica mundial de 2008. O processo migratório latino-americano inicia-se a partir da migração ultramar oriunda principalmente do continente europeu nos séculos XIX e XX; já o segundo momento é caracterizado pelas migrações dentro do próprio continente

[1] Patarra, 2006.

(intrarregional) em meados do século XX. A terceira fase se desenha com a emigração de países da América Latina em direção a outros continentes, com destaque para a América do Norte, a Europa e, na Ásia, para o Japão. Essa última fase representa um sistema migratório Sul-Norte, que se tornou mais intenso a partir das últimas décadas do século XX até o início do XXI.[2] A emigração de brasileiros em direção ao Japão faz parte desse contexto.

A migração de brasileiros para o Japão é um dos mais expressivos fenômenos migratórios do Brasil[3] e apresenta uma especificidade entre os fluxos migratórios contemporâneos representada pelo caráter da legalidade dessa migração. Institucionalizada pelas políticas migratórias japonesas, esse fluxo tem como principal característica a seletividade por consanguinidade. Ou seja, a entrada e a permanência de brasileiros no Japão são permitidas, do ponto de vista legal, apenas para aquelas pessoas que têm ascendência japonesa e seus respectivos cônjuges e dependentes.

As relações migratórias entre Brasil e Japão têm uma longa história, estendendo-se, a cada tempo a seu modo, até os dias atuais. Contudo, não trataremos detidamente da vinda de imigrantes japoneses para o Brasil nas primeiras décadas do século XX. Centraremos a análise em um aspecto particular dos desdobramentos

---

[2] A terceira fase da migração internacional na América Latina caracterizada pelos fluxos migratórios Sul-Norte sofre grandes alterações após a crise econômica de 2007, e uma nova emergência de fluxos migratórios agora surge em sentido Sul-Sul. Assim, os autores consideram que, após a crise econômica mundial de 2007, inicia-se uma quarta etapa da mobilidade populacional "para a, dentro da e desde a América Latina" (Bógus; Baeninger; Magalhães, 2019, p. 2).

[3] Segundo a análise realizada por Bógus, Baeninger e Magalhães (2019), os dados de data fixa do Censo Demográfico de 2010 mostram que a emigração do Brasil se deu em maior fluxo para Estados Unidos, Portugal, Espanha e Japão, respectivamente. Já os países com maior contingente de brasileiros residentes no exterior, a partir de dados de 2016 do Ministério das Relações Exteriores do Brasil, são Estados Unidos, Paraguai, Japão e Reino Unido.

mais recentes dessa história: a transição para a vida adulta dos filhos de migrantes brasileiros retornados do Japão. Como estratégia metodológica, buscamos olhar também para a transição daqueles jovens descendentes de japoneses que vivem no Brasil e não tiveram a experiência migratória para o Japão. O recurso comparativo é, sempre que possível, bem-vindo no esforço de entender e compreender um processo social.

Em vista disso, tratamos inicialmente de apresentar a população de origem japonesa caracterizando-a do ponto de vista de sua formação enquanto grupo migrante, étnico/racial na sociedade brasileira. Interessa-nos nessa caracterização ressaltar as dimensões dos valores e das tradições culturais específicos dessa população, a fim de compreender as expectativas e as normas sociais que eventualmente orientam os caminhos no curso de vida desse grupo de ascendência no Brasil. Buscamos conhecer as condições sociais e históricas da migração contemporânea de brasileiros para o Japão e as experiências pelas quais passam os filhos desses imigrantes naquele país, no século XXI. Em seguida, abordamos o papel do retorno desses jovens ao Brasil e como ele se insere no contexto da transição para a vida adulta. A partir da perspectiva de curso de vida, nosso olhar esteve orientado para as relações entre o processo migratório e o processo de tornar-se adulto para esses filhos de migrantes retornados.

Esse resgate constitui um importante preâmbulo, pois nos permite conhecer as condições de vida de um grupo migrante e o que a condição de imigrante[4] implicou para essa população desde a origem desse processo. Assim, é instigante pensar se, e como, essa memória migratória se reflete nas gerações mais recentes, agregando complexidade à ideia de (re)formulação de uma "identidade cultural",[5]

[4] Sayad, 1998.
[5] Hall, 2002.

com fronteiras expandidas através dos múltiplos deslocamentos migratórios. Puxar esse fio da história abre uma perspectiva mais ampla, embora escape aos objetivos deste livro a construção de uma análise intergeracional propriamente.

Qual seria essa condição de imigrante? Não pretendemos resumir as condições complexas de vida engendradas por um processo migratório a uma única e simples condição. No entanto, uma delas nos interessa especialmente. Aquela da qual parece derivar grande parte das questões sociais relativas ao imigrante: a de que o imigrante é *atopos*, como chamou a atenção Bourdieu[6] no prefácio de *A imigração ou os paradoxos da alteridade*, livro de Abdemalek Sayad, a partir do qual procuramos construir nossa visão sobre a migração e os migrantes.

> [Sayad] traça com pequenas pinceladas um retrato impressionante dessas "pessoas deslocadas", privadas de um lugar apropriado no espaço social e de lugar marcado nas classificações sociais. Como Sócrates, o imigrante é *atopos*, sem lugar, deslocado, inclassificável. Aproximação essa que não está aqui para enobrecer pela virtude da referência. Nem cidadão nem estrangeiro, nem totalmente do lado do Mesmo, nem totalmente do lado do Outro, o "imigrante" situa-se nesse lugar "bastardo" de que Platão também fala, a fronteira entre o ser e o não ser social. Deslocado, no sentido de incongruente e de importuno, ele suscita o embaraço; e a dificuldade que se experimenta em pensá-lo – até na ciência, que muitas vezes adota, sem sabê-lo, os pressupostos ou as omissões da visão oficial – apenas reproduz o embaraço que sua inexistência incômoda cria. Incômodo em todo lugar, e doravante tanto em sua sociedade de origem quanto em sua sociedade receptora, ele obriga a repensar completamente a questão dos fundamentos legítimos da cidadania e da relação entre Estado e a Nação ou a nacionalidade.[7]

---

[6] Bourdieu, 1998.
[7] *Idem*, p. 11.

A história das migrações entre Brasil e Japão representa bem as dificuldades expostas em relação ao deslocamento e à experiência na fronteira entre o "ser e o não ser social". Ilustra a condição de imigrante tanto no período da imigração japonesa para o Brasil do início do século XX, quanto na emigração de brasileiros para o Japão na virada do XX para o XXI. Por um lado, a condição de imigrantes – deslocados e inclassificáveis – obriga a repensar os fundamentos da cidadania e da nacionalidade – seja por parte da ciência, dos Estados ou da sociedade civil em geral – e, por outro, obriga os próprios imigrantes a repensarem a si mesmos.

Deslocamento parece ser um dos termos mais apropriados para falar sobre a migração e os protagonistas desse fenômeno:

> Por certo, a imigração é, em primeiro lugar, um deslocamento de pessoas no espaço e, antes de mais nada, no espaço físico [...]. Mas o espaço dos deslocamentos não é apenas um espaço físico, ele é também um espaço qualificado em muitos sentidos, socialmente, economicamente, politicamente, culturalmente (sobretudo através das duas realizações culturais que são a língua e a religião).[8]

Tomaremos a questão da língua ou, mais especificamente, o uso de algumas palavras japonesas no Brasil como recurso de entrada na história da imigração japonesa e da origem do grupo hoje conhecido como "nipo-brasileiro". A língua é tomada aqui como uma realização cultural que, junto com os migrantes, se desloca de um espaço a outro e, portanto, carrega consigo noções a respeito do "lugar de origem" dos migrantes. A partir desse conteúdo social da linguagem, buscamos reconstruir e contextualizar a história das migrações entre Brasil e Japão, privilegiando as dimensões que refletem os referenciais socioculturais e demográficos de cada espaço social em observação.

[8] Sayad, 1998, p. 15

1.1 Migrações Brasil e Japão, uma longa história, muitas gerações

Alguns termos em japonês foram com o tempo incorporados à língua portuguesa, tanto entre a população de descendentes de japoneses quanto na sociedade brasileira em geral, principalmente nas regiões onde se concentram descendentes de japoneses.[9] Com a apresentação desses termos queremos ressaltar particularidades da formação dessa população no Brasil: a condição do migrante e sua formação bicultural, a condição de proximidade/distanciamento da "cultura japonesa",[10] um sistema "híbrido" de referências socioculturais,[11] a autopercepção revelada pela autodenominação de pessoas cujas vidas foram marcadas pela migração.[12] De alguma forma essas palavras são partes constitutivas da história desse grupo. A partir delas podemos ter acesso a aspectos do sistema de referências socioculturais aos quais as palavras pertenciam e como isso afetou o grupo e suas relações sociais no processo migratório.

Os termos mais utilizados em língua japonesa no Brasil são aqueles usados pelo grupo de japoneses e seus descendentes com o intuito de se autodenominarem em relação aos "outros", uma forma de identificação e distinção.

Nihonjin e gaijin – *o contato e os contrastes*

Começamos por duas expressões que dão origem de certa forma aos outros termos mais comumente utilizados no Brasil: *gaijin* (estrangeiro) e seu oposto na língua japonesa *nihonjin* (japonês). Depois serão introduzidos os termos *nikkei* (nipo-brasileiro) e

---

[9] Os principais estados brasileiros com número significativo de população nipo-brasileira são Paraná e São Paulo (Fusco & Souchaud, 2010).
[10] Oda, 2011.
[11] Hannerz, 1997; Hall, 2002.
[12] Ischida, 2010.

dekassegui (trabalhador temporário "fora de seu lugar" de origem), a partir do qual retomamos a ideia do *gaijin* brasileiro, agora no Japão. A primeira expressão, *gaijin* (外人), é a maneira como são chamados os estrangeiros no Japão. Formado pela junção de dois ideogramas que significam "fora" (外) e "pessoa" (人), esse termo é na verdade uma abreviação da palavra *gaikokujin* (外国人), que é a junção dos ideogramas que simbolizam "fora" (外), "país" (国) e "pessoa" (人), traduzida como "estrangeiro". No caso do uso abreviado, *gaijin* pode ter uma conotação pejorativa. No entanto, em contexto contemporâneo, podem ser reconhecidas, do ponto de vista simbólico, duas concepções diferentes para os estrangeiros e a palavra *gaijin*: tanto como o "outro discriminado", que está localizado inferiormente na concepção hierárquica de valores japoneses, quanto o "outro exótico" na figura do homem branco ocidental que carrega as qualidades de prestígio, superioridade e civilidade.[13]

No Brasil essa palavra consta no dicionário de língua portuguesa Houaiss com a seguinte definição: "estrangeiros (us.pej. pelos japoneses para designar os europeus e, pelos primeiros imigrantes do Japão, para referir-se aos nativos do Brasil)".[14] A palavra *gaijin* carrega um sentido pejorativo, como detalhado no dicionário, pela forma e pelo contexto em que foi trazida para o Brasil. Isso porque, na hierarquia da língua e da cultura japonesas daquele período, aquele que é de fora seria reconhecidamente inferior aos japoneses. Seu uso, no entanto, ainda pode ser encontrado entre os descendentes de japoneses nos dias atuais.[15] "Os japoneses no Brasil referem-se aos

---

[13] Roncato, 2013; Ortiz, 2000.
[14] Houaiss, 2007.
[15] Em entrevista de campo para essa pesquisa, o termo foi mencionado por um descendente de japonês para se referir a uma mulher brasileira que vivia no Japão e não tinha ascendência japonesa. Essa mulher estava no Japão porque era casada com um descendente de japonês e por isso tinha o visto de permanência.

brasileiros até os dias de hoje como *gaijin*, fazendo nítida separação entre o 'nós' e 'eles'."[16]

Dentre tantas outras, por que essa palavra da língua japonesa foi uma das que permaneceu no Brasil e foi introduzida inclusive nos dicionários do país? O contexto migratório pode ser considerado um dos aspectos que põe em relevo esse termo e seu uso. Diante da realidade concreta em lidar diretamente com "o outro", o não japonês, a partir da imigração, *gaijin* foi um termo que se destacou. Mas, além disso, as heranças de valores da cultura japonesa do final do século XIX também ressaltam essa distinção e hierarquização de valores entre os "de dentro" e os "de fora". Começar por dizer quem "não é" o japonês ajuda a compreender o sentido que existia em manter uma identificação dos japoneses com sua pátria e sua cultura no início dessa imigração no Brasil.

A segunda palavra, *nihonjin* (日本人),[17] menos difundida fora dos grupos de japoneses e seus descendentes, denomina a pessoa de nacionalidade japonesa. Em sua etimologia, a formação se dá por: *nihon* (日本), Japão, e *jin* (人), pessoa.

Esses dois termos – *gaijin* e *nihonjin* – formam uma primeira imagem da imigração japonesa no Brasil. Os japoneses chegaram em 1908 ao Brasil, trazendo em sua bagagem um sistema de referências socioculturais e estavam dispostos a mantê-los, na medida em que tinham como objetivo retornar em pouco tempo para o Japão. Do ponto de vista dos japoneses, os brasileiros eram *gaijin*, e era comum, no primeiro período, a narrativa a respeito dos contrastes entre o povo japonês e o brasileiro, demarcando sua distinção em relação

---

[16] Sakurai, 1993, p. 57.
[17] Embora não seja uma palavra de uso corrente em língua portuguesa, os jovens retornados do Japão frequentemente utilizam esse termo para se referir aos japoneses com quem tiveram contato quando viveram no Japão. Portanto, no âmbito desta pesquisa, essa palavra aparece muito nas entrevistas feitas com esses jovens.

aos "outros".[18] Os japoneses que chegaram ao Brasil inicialmente passavam por um contexto de instabilidade socioeconômica no Japão, um país que havia iniciado sua modernização industrial e no qual muitos japoneses já viviam em centros urbanos.

Na chegada ao Brasil esses imigrantes japoneses deparam com dificuldades relatadas como bem sacrificantes. Boa parte não tinha experiência na vida rural, embora, para terem a possibilidade de emigrar e fugir do desemprego no Japão, se propusessem a trabalhar no Brasil como agricultores. A emigração se concretizava por intermédio de políticas migratórias de ambos os países envolvidos.[19]

A política imigratória brasileira inicialmente teve certa resistência em permitir a entrada de asiáticos no país. Uma visão racista dominante à época considerava os chamados amarelos uma "raça inferior" aos brancos. Os japoneses, em particular, eram tidos como os menos assimiláveis e com aspirações imperialistas. No entanto, diante da interrupção da imigração italiana para o Brasil a partir de 1906, o governo brasileiro acaba por firmar acordo com o governo japonês para a vinda de imigrantes com vistas a atender a demanda por mão de obra nas fazendas de café paulistas. A intenção dos primeiros imigrantes japoneses era trabalhar, juntar dinheiro e retornar ao país de origem como "vencedores". Voltar ao Japão sem ter conquistado um *status* socioeconômico melhor não era uma opção para os japoneses.[20]

Essa primeira fase da imigração japonesa trazia para o Brasil maneiras de pensar, de ser, e um idioma característicos de um período histórico no Japão conhecido como Era Meiji ou Restauração Meiji. Vigente de 1868 a 1912, esse período foi marcado pela construção de uma cultura nacional e de uma identidade japonesa – o *nihonjin*,

---

[18] Sakurai, 1993.
[19] Kodama & Sakurai, 2008.
[20] Sakurai, 1993.

tendo por base a restituição do poder à figura do Imperador depois de trezentos anos de regime feudal. Também se caracteriza pela abertura do Japão para os mercados internacionais ocidentais, superando o autoisolamento em que o Japão se manteve de 1639 a 1854, com reduzidos contatos comerciais com o exterior.[21] A Restauração Meiji foi um movimento político e econômico de modernização industrial do país, que contou com uma "tradição renovada" para se legitimar.[22]

Embora no Brasil tenha se tornado recorrente a imagem de uma "cultura milenar" atribuída aos japoneses, a ideia de uma base cultural comum à nação japonesa inteira é recente.[23] A construção de uma cultura nacional se deu justamente nesse período de modernização do Japão, na transição entre o período Edo (1603-1867) – conhecido também como o *shogunato Tokugawa* – e o período Meiji. O resgate da tradição serviu como forma de legitimar o processo de modernização sob influência europeia ocidental. Além disso, a ideia de nação supõe uma homogeneidade étnica, construto ideológico que mascara a diversidade de etnias presentes no Japão.[24]

A ideia do espírito japonês – que configura o *nihonjin* – simbolizada na figura do imperador retratava principalmente os aspectos de um povo que se caracteriza pela harmonia, pelo equilíbrio (de influência do confucionismo chinês no Japão) e pela singularidade que representa a ressignificação desses valores a um modo essencialmente japonês. Há também as ideias de *uchi* (dentro/os de dentro) e *soto* (fora/os de fora), que nos interessam especialmente, pois são elas que dialogam diretamente com a experiência migratória e de alguma maneira norteiam as percepções dos japoneses acerca de sua condição inicial no Brasil.[25]

[21] Roncato, 2013.
[22] Ortiz, 2000.
[23] Oda, 2011.
[24] Asada, 2001.
[25] Oda, 2011.

Munidos dessa bagagem sociocultural, chegam ao Brasil os primeiros imigrantes japoneses na primeira década do século XX. O auge dessa imigração ocorreu de meados da década de 1920 até finais dos anos 1930. Esse grande fluxo imigratório japonês cessa a partir do início da Segunda Guerra em 1939. A imigração japonesa para o Brasil é retomada no pós-guerra, mas com uma intensidade significativamente menor e um perfil diferenciado, composta principalmente de pessoas que viajavam individualmente e não mais com a família, como foi característico no início do fluxo.[26]

De acordo com as influências do pensamento de oposição entre *uchi* e *soto*, expressas respectivamente nas noções de *nihonjin* e *gaijin*, observa-se como os japoneses não deslocam o ponto de referência e o sentido atribuído à palavra *gaijin* mesmo quando estão vivendo fora de seu país. Apesar de estrangeiros no Brasil, para os japoneses o termo *gaijin* nunca foi um modo de se reconhecerem e se autodenominarem no contexto da imigração japonesa. Ou seja, no Brasil a população japonesa imigrante não se reconhecia como estrangeira, antes, referia-se à população nativa do país e aos outros imigrantes de outras nacionalidades como *gaijin*.[27]

Essa autoimagem dos japoneses a respeito de sua condição de imigrantes no seio da sociedade brasileira pode ter sido favorecida pelo formato da imigração japonesa no início de seu fluxo. As companhias de emigração tinham como condicionante que os arranjos da migração fossem familiares.[28] Essa era, em realidade, uma característica da

---

[26] Cardoso, 1995.
[27] O trabalho cinematográfico de Tizuka Yamasaki é representativo desse jogo hierárquico, e fixamente referenciado, que teve a língua japonesa no Brasil. Seus dois longas-metragens intitulados *Gaijin – os caminhos da liberdade* (1980) e *Gaijin – ama-me como sou* (2005) resgatam a história da imigração japonesa no Brasil, e os títulos dos filmes retratam numa só palavra os conflitos vivenciados naquele período.
[28] Os formatos de fluxos migratórios japoneses em suas diferentes fases foram fortemente influenciados pelos subsídios oferecidos ao projeto migratório.

importação de mão de obra livre para a cafeicultura paulista. A mão de obra japonesa foi incorporada aos novos cafezais no extremo Oeste paulista e no Norte do Paraná. Parte dos imigrantes destinou-se também a projetos das próprias companhias colonizadoras, que instalaram colônias de pequenos produtores, as chamadas *colônias japonesas*, ocasionando a concentração de população imigrada em algumas áreas. Esse aspecto pode ter facilitado o encontro de japoneses em um grupo que compartilhava mesmos valores e modos de ser, ainda que vivendo no Brasil. Portanto, nas colônias e nas áreas em que se concentravam, inicialmente sobretudo nas lavouras cafeeiras paulistas, estavam entre os seus, estavam em casa entre outros japoneses. *Gaijin* eram os outros, os de fora, os brasileiros. Por outro lado, pode-se considerar também que os termos *gaijin* e *nihonjin* são representativos de uma identidade nacional que não se restringe ao aspecto geográfico.

Interessante pensar que esses primeiros japoneses inauguram esse movimento migratório entre Brasil e Japão há mais de um século com um forte senso de pertencimento a uma terra, a um país. Eles têm uma nacionalidade e uma valorização culturais fortes e definidas. Sabem que são japoneses, independentemente de estarem em outra terra, do outro lado do mundo. Um século depois, seus descendentes, os jovens que pesquisamos hoje, majoritariamente netos e bisnetos desses primeiros japoneses, se encontram entre essas duas terras distantes. Vivem em processos transnacionais, e nossa maior dificuldade (mas também a dos próprios jovens entrevistados para esta pesquisa) foi nomeá-los, identificá-los, do ponto de vista de

---

No início do fluxo, foi o governo brasileiro quem ofereceu ajuda para que os japoneses chegassem ao Brasil para trabalhar na expansão das lavouras de café paulista. Dessa forma tinha como condição que a imigração japonesa fosse no formato familiar e contasse com pelo menos três membros aptos a trabalhar (acima de 12 anos de idade) (Sakurai, 1993; Cardoso, 1995; Bonatti, 2020).

um pertencimento, ou mesmo de uma identidade cultural, nacional ou étnica.

Os japoneses que chegaram inicialmente ao Brasil, embora deslocados do ponto de vista da imigração, não deslocam seu sistema de referências socioculturais e sua identidade cultural pautada por um forte nacionalismo. Recuperar essa história nos possibilita pensar como a inserção dos japoneses na sociedade brasileira ocorre influenciada pelo caráter de valorização da cultura japonesa e como isso refletiu nas gerações subsequentes. Essa influência é caracterizada pelas noções de *uchi* e *soto* (e suas expressões derivadas) e também por outros valores da Era Meiji: a valorização da educação e do trabalho, o esforço e a honestidade, sintetizados na ideia de um *ethos* do *gambarê* (dar o melhor de si/esforçar-se) que é reconhecida na figura do *nikkei* em geral.[29]

Nikkei – *a permanência dos nipo-brasileiros*

Para designar os japoneses e seus descendentes radicados no Brasil, a palavra convencionalmente reconhecida é *nikkei*, uma abreviação do termo em japonês *nikkeijin*, que significa "pessoas de origem japonesa nascidas fora do Japão". Essa palavra é traduzida no Brasil pelo termo "nipo-brasileiro", que também consta nos dicionários de língua portuguesa.[30] A palavra *nikkei* representa os descendentes em geral: os próprios japoneses imigrantes e as gerações de descendentes.[31] Essa palavra difere daquelas apresentadas anteriormente pois se trata de uma categoria analítica utilizada

---

[29] Ocada, 2002
[30] "Nipo-brasileiro: adjetivo/relativo ou pertencente, ao mesmo tempo, ao Japão e à República Federativa do Brasil, ou a japoneses e brasileiros; substantivo masculino/indivíduo nipo-brasileiro. Gramática/pl.: nipo-brasileiros" (Houaiss, 2007).
[31] Cada geração é identificada com um termo específico: *issei* é a primeira geração de imigrantes japoneses radicados no Brasil; *nissei* é a segunda

convencionalmente pelos pesquisadores e por associações nipo-brasileiras[32] e incorporada ao senso comum brasileiro pelos próprios nipo-brasileiros.

Ruth Cardoso[33] mostra o processo de mobilidade social dos imigrantes japoneses no Brasil e de seus descendentes. Esse grupo trazia consigo um conjunto de valores que norteavam a constituição familiar, os quais foram mobilizados para se organizarem e, com o tempo, ascenderem socialmente em solo brasileiro. Observa, assim, que os japoneses encontraram condições sociais, econômicas, e em alguns momentos apoio do governo japonês, para aproveitar as oportunidades que surgiam no decorrer do desenvolvimento da agricultura cafeeira e algodoeira no estado de São Paulo. A autora traça os aspectos da organização familiar japonesa e considera que, se não são exclusivos das famílias japonesas, assumem nelas uma configuração especial no Brasil. A trajetória dos japoneses mostrou um tipo de ascensão em que as famílias passavam de colonos para arrendatários de terras; depois de algum tempo no campo e em trabalhos rurais, parte do grupo emigra para as cidades, e se constituem como pequenos proprietários e comerciantes.

A cidade atraía os japoneses, pois eles tinham o interesse em propiciar condições de educação para seus filhos e, através destes, continuar o projeto de ascensão social familiar. Os valores da tradição cultural japonesa que permearam essa inserção dos imigrantes

---

geração; *sansei*, a terceira; *yonsei*, a quarta; *gossei*, a quinta; e *rokussei*, a sexta geração.

[32] "O japonês-brasileiro, ou seja, o descendente de japonês é atualmente denominado *nikkei*, não importa a que geração pertença. Essa denominação está sendo utilizada desde a Convenção Pan-Americana Nikkei ocorrida em 1985, em São Paulo, que adotou a terminologia para todos os descendentes de japoneses nas Américas. Antes, usava-se a terminologia *nissei* para os descendentes [de segunda geração] dos imigrantes, *sansei* para os descendentes de terceira geração no Brasil" (Sakurai, 1993, p. 21).

[33] Cardoso, 1995.

japoneses no Brasil serão expostos, ainda que de forma breve, a seguir. Essa exposição tem o intuito de sublinhar as normas e as expectativas socioculturais que norteiam o curso de vida e constituem a formação das famílias *nikkeis* no Brasil.

Os padrões tradicionais do Japão organizavam todo o sistema social e econômico a partir da linhagem familiar, o *ie*, que pressupunha, além da residência comum, os papéis atribuídos a cada indivíduo dentro do grupo familiar. O filho mais velho, enquanto herdeiro e futuro chefe da família, recebia um tratamento diferenciado, pois caberia a ele preservar e manter o sustento material do *ie* e ser o responsável pelo culto aos antepassados. Nos altares familiares, eram reverenciados apenas os mortos ainda presentes na memória. Recebem oferendas os mortos conhecidos e lembrados pelo grupo e vão desaparecendo da lembrança e do culto quando substituídos por outros mais recentemente desaparecidos. Não se trata do culto de uma linhagem, mas de cerimônias que permitem ao grupo uma autoidentificação. Os antepassados não precisam ser muito numerosos nem muito antigos para representar o passado da família e sua permanência acima dos indivíduos. Pertencer a esse grupo é fazer parte de sua continuidade pela aceitação de um nome que deve ser honrado.[34]

Os valores de devoção filial (*on*) em que os filhos são considerados "devedores" aos seus pais, dentro de uma hierarquia de posições sociais japonesas, explicam como a obediência é exercida no interior das famílias. Há uma rígida hierarquização que vai do pai ao filho mais velho, ao filho menor, passando pelas mulheres até chegar ao mais humilde dos criados, se os houver. O que dá força e conteúdo a essa ordenação são os valores que sustentam a submissão a que todos devem se sujeitar sob pena de perderem a honra e, logo, a posição que lhes cabe. A verdadeira virtude é saber reconhecer e

---

[34] *Idem*, p. 91.

retribuir eternamente o débito que se tem com os superiores, desde o imperador, até os pais, patrões ou outros benfeitores. Isso porque os superiores são sempre benfeitores, ou seja, são sempre credores desse dever que se chama *on*, o que os faz merecedores de um tratamento especial em que o amor e principalmente a lealdade devem estar sempre presentes, uma vez que são sentimentos necessários naquele que "leva um *on*", isto é, que deve retribuir favores importantes.[35]

Por terem recebido de seus pais as benfeitorias de um superior, os filhos devem se esforçar para retribuir-lhes, com obediência e lealdade. Entretanto, os pais que recebem esse retorno de seus filhos devem se esforçar para manter o nome e a honra da família. Isso porque as benfeitorias que os chefes propiciam para os filhos e para a família são também uma forma de retribuir o *on* a seus próprios pais. As demais relações familiares (marido-mulher, mãe-filhos, sogra-nora etc.) também fazem parte desse sistema de deveres morais hierárquicos, e as manifestações e desejos individuais devem ser submetidos e ajustados às expectativas familiares.

> O grupo familial afirma assim sua continuidade através destes sentimentos básicos que estabelecem uma complexa teia de devedores e credores ligados por compromissos não saldáveis e portanto contínuos, que se prolongam e renovam através das gerações, desde os antepassados reconhecíveis até os descendentes próximos.[36]

Além do valor do *on* na manutenção da continuidade familiar e do ajuste das expectativas individuais às familiares, e de certa forma complementar a ele, estão presentes na tradição japonesa também as ideias de *giri* (leia-se "guiri") e *ninjo*. O *giri* pode ser traduzido como representativo da lealdade aos valores sociais e às expectativas coletivas, frequentemente é contraposto à ideia de *ninjo*,

---

[35] *Idem*, p. 105.
[36] *Idem*, p. 106.

que representa o sentimento, a inclinação individual, o desejo. A oposição entre *giri* e *ninjo* representa o conflito entre a norma e o desejo. "Do ponto de vista ético, o conflito deve ser resolvido sempre pela submissão aos interesses coletivos. No plano da família isto significa reconhecer sua posição hierárquica e, portanto, aceitar a participação que lhe cabe no sistema cooperativo familial."[37]

Além dos valores voltados sobretudo à organização familiar, outro princípio tradicional japonês favoreceu a permanência da população japonesa no Brasil: o *gambarê*. "Pode-se traduzir o *gambarê* como esforço com resignação, ou seja, a força para seguir adiante mesmo diante da dificuldade."[38] A ideia de "trabalho honesto", que marca até hoje a população de descendentes de japoneses no Brasil, tem um propósito bem claro: manter o nome e a honra da família. O nome parece ser um fator de importância para a população japonesa, pelo menos para a que imigrou no início do século XX e que lutava por manter vivas suas formas de existência, conhecidas e seguras.

Ao explorar a ideia de "vencer na vida" para os japoneses, Célia Sakurai mostra o papel das mulheres por trás da estrutura de sucesso profissional e familiar frequentemente procurada pelos japoneses:

> É através da figura da mãe que os filhos e o marido lutam por dois objetivos: uma poupança familiar e estudos que possam mais tarde garantir o futuro de todos [...] seu objetivo [das mães] é criar pessoas para o convívio com a sociedade dentro de padrões que conduzam os membros da família para o trabalho honesto, para a manutenção da honra e do nome da família. Por isso, vencer não significa necessariamente o acúmulo de riquezas, mas é interpretado como a manutenção de uma conduta moral reta sem, entretanto, deixar de procurar as oportunidades que possam conduzir à ascensão social, por menor que esta seja.[39]

---

[37] *Idem*, pp. 106-107.
[38] *Idem*, p. 58.
[39] *Idem*, p. 28.

Até o período que precede a Segunda Guerra, os objetivos de vencer através do *gambarê* estavam ligados ao propósito de retornar ao Japão. O retorno deveria ocorrer em um *status* social superior ao qual deixaram o país, além de que os filhos dos imigrantes deveriam ter conhecimento da cultura e da língua japonesa, não deveriam voltar ao Japão como *gaijins*. Foram construídas escolas de língua japonesa pelos primeiros imigrantes, para que seus filhos aprendessem a língua e não desaprendessem a "ser japonês" até retornarem ao país de origem. No entanto, no período da Segunda Guerra, as transformações de caráter sócio-histórico e político afetaram profundamente as condições reais de retorno.

A partir desse momento, os japoneses se veem obrigados a se radicar no Brasil, e é assumida a permanência no país. Novas estratégias para vencer na vida, manter o nome e a honra da família, ainda com o espírito do *gambarê*, passam a ser utilizadas, agora para permanecerem no Brasil. A presença de várias gerações de descendentes de japoneses no Brasil se consolida, portanto, a partir dessa ruptura que representou a Segunda Guerra Mundial e a derrota do Japão em 1945.

"Baseados no princípio do *gambarê*, os imigrantes japoneses trabalharam arduamente para buscar um padrão de vida mais elevado e lutaram para dar aos filhos condições de vencer no Brasil, mesmo à custa de abrir mão de ser um 'genuíno japonês'."[40] É a partir desse período, principalmente da década de 1950, que se torna visível a mobilidade social dos japoneses, que deixam as regiões rurais e passam a viver nas cidades. Os *nissei*s já adultos na década de 50 começam a exercer profissões fora da área da agricultura, formam-se os primeiros com sobrenomes japoneses em faculdades na cidade de São Paulo.[41]

---

[40] *Idem*, p. 58
[41] *Idem*.

Poderíamos nos questionar se esse agarramento a uma identidade japonesa não seria também efeito do deslocamento da migração. Uma vez fora de seus lugares de origem, parece haver uma necessidade de sentir segurança em algo conhecido, familiar, ter chão, ainda que em outra terra. Essas foram as condições em que viveram a geração de avós dos jovens *nikkeis* que pesquisamos para este trabalho. Havia uma forte tendência a manter os costumes japoneses, ainda que em terra brasileira. A partir da década de 1950, quando os filhos desses japoneses, os *nisseis*, começam a se tornar adultos, os conflitos tanto geracionais quanto de costumes e de valores culturais começam a se acentuar.

O grupo de *nisseis* vivenciou de maneira mais intensa os dilemas entre os valores tradicionais japoneses e a inserção na sociedade brasileira com valores ocidentais. A esse respeito, pode-se resumir o dilema entre a valorização dos interesses coletivos/familiares (*on* para com os pais, preservação do *ie* e submissão aos mais velhos) e a valorização ocidental dos interesses individuais. Esse conflito é explicitado principalmente no momento em que os filhos dos japoneses decidem se casar. Na tradição japonesa a escolha dos parceiros dos filhos era feita pelas famílias a partir de interesses complexos, o amor e o entendimento entre os noivos eram secundários, o casamento era um arranjo social e econômico, e havia um cuidado nas escolhas para que fosse assegurada uma manutenção do nome e da honra das famílias.[42] O casamento entre uma pessoa *nissei* e uma brasileira não descendente de japonês, portanto *gaijin*, não era facilmente aceito pelas famílias japonesas. Não obstante, os casamentos interétnicos ocorriam entre *nissei* e *gaijin*, de tal modo que, para os filhos *sansei*, muitos já frutos dessas uniões, as pressões familiares em respeito aos padrões tradicionais japoneses se apresentavam de forma atenuada.

[42] *Idem.*

Embora seja possível reconhecer que essa é a imagem principal que se tem em relação aos japoneses e seus descendentes no Brasil, as influências para a criação desse estereótipo do "japonês" brasileiro não se encontram apenas nas tradições de uma "cultura milenar" trazida pelos primeiros imigrantes. Os acontecimentos no Japão em períodos posteriores aos principais fluxos migratórios de japoneses no Brasil também refletiram nessa imagem dos japoneses no Brasil, principalmente a partir da década de 1960, em que, após se recuperar dos impactos causados pela guerra, o Japão se torna gradativamente uma das maiores potências econômicas mundiais e passa então a ser visto no Brasil como modelo de desenvolvimento.[43]

Resgatamos até aqui alguns aspectos históricos da migração entre Brasil e Japão, sublinhando os referenciais socioculturais e as particularidades desse grupo populacional. A partir deste ponto, nos questionamos como essas referências socioculturais são transformadas ou reconfiguradas nesses grupos, com a experiência de emigração para o Japão no final do século XX e o retorno ao Brasil mais recentemente.

Dekassegui – *os deslocamentos: nipo-brasileiros fora de lugar*

A partir da década de 1980, parte da população nipo-brasileira residente no Brasil experimenta a emigração em direção ao Japão. Essa emigração ao país dos ancestrais japoneses tem sido chamada de fenômeno *dekassegui*, que marca a população *nikkei*, pois gera uma distinção e uma nova categoria dentro do grupo de nipo-brasileiros. A palavra *dekassegui* (出稼ぎ) em língua japonesa é um substantivo derivado da junção de dois verbos: *deru* (出る), que significa "sair", e *kasegu* (稼ぐ), que é o "ato de ganhar dinheiro através do trabalho". A palavra, portanto, representa os trabalhadores que saem de seu

---

[43] Oda, 2011.

lugar de origem para ganhar dinheiro em outros locais. Há também uma perspectiva temporal envolvida no sentido da palavra, pois os trabalhadores se deslocariam a trabalho apenas temporariamente.

No Japão esse termo é utilizado desde a Era Showa (1926-1989), e seu uso se torna mais frequente no período pós-Segunda Guerra. Esse foi um momento de intenso desenvolvimento econômico naquele país, quando trabalhadores de regiões rurais mais pobres vão em busca de trabalho em grandes centros urbanos mais desenvolvidos.[44] Pelo caráter de deslocamento de regiões mais pobres do Japão para as mais desenvolvidas, o termo, da forma que era utilizado originalmente no Japão, já carregava uma imagem estigmatizada do imigrante pobre que busca ganhar dinheiro longe de casa e retornar em melhores condições financeiras.[45]

No Brasil o termo foi utilizado para designar os nipo-brasileiros que emigraram para o Japão a partir da década de 1980. Esse deslocamento populacional ocorreu em um contexto de crise econômica no Brasil – a chamada *década perdida* – enquanto o Japão passava por um momento de próspero desenvolvimento econômico. Ao definir um dos mais expressivos fenômenos migratórios do Brasil, o termo ficou conhecido entre a população brasileira e foi incorporado à língua portuguesa com uma grafia adaptada para o idioma. "Decasségui" ou "decassêgui" é a forma escrita que consta nos dicionários de língua portuguesa, desde 2001: "decasségui: adjetivo e substantivo de dois gêneros: que ou aquele que se fixa, mas apenas temporariamente, no Japão, para trabalhar freq. como mão de obra direta [...] Sinonímia e variantes: decassêgui". [46]

---

[44] Roncato, 2013.
[45] Litvin, 2007.
[46] Houaiss, 2007. Apesar de o termo ter sido incorporado à língua portuguesa há mais de uma década com uma grafia adaptada, a forma com que os estudos acadêmicos e demais produções literárias e midiáticas assumem a palavra *dekassegui* ainda é em sua grafia mais aproximada com a original em língua japonesa.

Embora seja o termo que caracteriza o fenômeno social da imigração de brasileiros no Japão, sendo amplamente difundido em ambas as sociedades, a de origem e a de destino, o uso da palavra *dekassegui* gera controvérsias. Se, por um lado, ela sintetiza um fenômeno social e suas particularidades, por outro, essas particularidades revelam situações que expõem os migrantes à discriminação, tanto de caráter étnico/racial, quanto por sua condição de trabalhador explorado, em postos de trabalho que não exigem qualificação profissional, inserido de forma instável na classe trabalhadora japonesa.[47] Segundo Litvin, alguns nipo-brasileiros que vão trabalhar no Japão sentem vergonha de sua condição, bem como alguns dos que permanecem no Brasil se sentem superiores aos *dekasseguis*.[48] A difusão dessa terminologia, no entanto, abrange desde os discursos políticos das instituições que regulamentam a migração, passando pela produção acadêmica, pela mídia e por eventos culturais e é usada também pelos próprios nipo-brasileiros para distinguirem aqueles *nikkeis* que permaneceram no Brasil dos que emigraram para o Japão nos anos finais do século XX.

No Brasil, a questão do *status* social de classe se revela na figura do *dekassegui* em contraste com o *nikkei* que permanece no país, pois o primeiro se insere na sociedade japonesa numa situação de exploração do trabalho. Há inclusive uma preocupação conhecida entre os nipo-brasileiros que emigram para o Japão: "comenta-se que não é aconselhável procurar os familiares nativos da região, pois as condições sociais do 'retorno' podem ser interpretadas como evidência do fracasso daqueles que partiram, causando vergonha e humilhação".[49]

---

[47] Roncato, 2013.
[48] Litvin, 2007.
[49] Ocada, 2002, p. 5.

Esse fluxo migratório mais recente e o movimento inicial podem ser compreendidos a partir de dois aspectos: tanto a partir dos contextos socioeconômicos pelos quais atravessavam os dois países, quanto por questões de ordem étnica e culturais. A dimensão de ordem étnica/cultural adquire também um conteúdo político e institucional, uma vez que a legalidade do fluxo recente tem como critério básico a ascendência japonesa para entrada e permanência no Japão.

Essa seletividade, característica da imigração de brasileiros no Japão, é institucionalizada a partir da terceira reforma na lei de imigração do Japão (*Immigration Control and Refugee Recognition Act*) no ano 1990. Esse critério de consanguinidade está associado, na visão oficial, à ideia de um pertencimento étnico/racial. A forma pela qual os imigrantes nipo-brasileiros são "aceitos" na sociedade japonesa traz contraditoriamente à tona uma qualidade específica do imigrante, a de *atopos*, sem lugar, deslocado, inclassificável.[50] Se, por um lado, o governo japonês considera que o *nikkei* é dos seus e, portanto, é bem-vindo, por outro, ao oferecer uma condição de cidadania parcial, típica de imigrantes, ele também distingue a condição do nipo-brasileiro por ser "mais ou menos" japonês, japonês pela metade, mestiço. Essa postura institucional, ao reforçar essa condição de *atopos* do imigrante, mostra que ele é um ser social meio aqui, meio lá, no espaço e na cultura. Nem *gaijin* nem *nihonjin* – *dekassegui*.

No período inicial desse fluxo migratório, em meados da década de 1980, o número de brasileiros registrados no Japão era de quase 2 mil pessoas (em 1987). Já em 1989 essa população cresceu para 14 mil, ainda um ano antes da reforma da lei de controle migratório. Logo após a reforma, em 1990, já eram cerca de 56 mil brasileiros registrados. A população brasileira no Japão cresceu consistentemente, chegando a 254 mil imigrantes no ano 2000, atingindo o pico de 316 mil em 2007.

[50] Bourdieu, 1998.

FIGURA 1 – BRASILEIROS REGISTRADOS NO JAPÃO DE 1985 A 2021

Fonte: Japão (2010; 2021).

Logo após a crise econômica de 2008, essa população começa a diminuir devido ao grande número de retornos ao Brasil, atingindo em 2010 cerca de 230 mil imigrantes brasileiros no Japão. Esses números correspondem à população registrada no país no período dos respectivos anos. A queda no número de brasileiros no Japão se segue até 2015, quando a população registrada chegou a 173 mil pessoas. A partir de 2015, no entanto, há um novo aumento dessa população, que, no ano 2020, voltou ao total de 211 mil brasileiros registrados em solo japonês.

Esse movimento da década de 1990 em direção ao Japão marca uma nova situação da posição social e do pertencimento e/ou da identidade cultural dos nipo-brasileiros, transformando os então *nikkeis*/nipo-brasileiros (descendentes de imigrantes japoneses no Brasil) em imigrantes eles próprios no Japão. Se a população nipo-brasileira já era considerada um grupo pertencente à sociedade brasileira, novamente há um processo de deslocamento e descontinuidade territorial, étnico-racial.

Embora reconhecidos como brasileiros, no Brasil os *nikkeis* eram chamados de "japoneses", principalmente por seus traços fenotípicos que marcam sua origem; quando chegam ao Japão são considerados *gaijin* pelos japoneses. Ocada, ao observar a questão do *habitus* "oriental" incorporado pelos nipo-brasileiros, aponta a evidência de uma grande diferença entre um japonês e um nipo-brasileiro: "a diferença desconcertante que existe entre um japonês e um *nikkei--brasileiro* é nítida a ponto de tornar possível distingui-los pela simples observação da postura corporal".[51]

Mas *gaijin* não eram os (outros) brasileiros? Os nipo-brasileiros, ao perceberem que na sociedade de suas raízes ancestrais não são reconhecidos, que não estão em casa, descobrem que só são "japoneses" no Brasil. Fazem então um movimento de, no Japão, reforçar sua "identidade brasileira".[52] Essa questão da identidade cultural que se desloca através de processos migratórios pode ser interpretada também em consonância com o momento histórico em que essas experiências são vividas. Em uma conjuntura de mudança estrutural a partir da globalização há uma compressão de espaço--tempo em que as próprias identidades individuais entram em crise.

> Para aqueles/as teóricos/as que acreditam que as identidades modernas estão entrando em colapso, o argumento se desenvolve da seguinte forma. Um tipo diferente de mudança estrutural está transformando as sociedades modernas no final do século XX. Isso está fragmentando as paisagens culturais de classe, gênero, sexualidade, etnia, raça e nacionalidade, que, no passado, nos tinham fornecido sólidas localizações como indivíduos sociais. Estas transformações estão também mudando nossas identidades pessoais, abalando a ideia que temos de nós próprios como sujeitos integrados. Esta perda de um "sentido de si" estável é chamada, algumas vezes, de deslocamento ou descentração do sujeito. Esse duplo deslocamento – descentração dos indivíduos tanto de seu lugar no mundo social e cultural quanto de si mesmos – constitui uma "crise de identidade" para o indivíduo.[53]

[51] Ocada, 2006, p. 6.
[52] Oliveira, 1998.
[53] Hall, 2002, p. 9.

Stuart Hall[54] apresenta os impactos dessas transformações contemporâneas sobre as identidades culturais, considerando que, a partir da globalização, os processos em curso que atravessam fronteiras nacionais colocam em contato comunidades e organizações em novas combinações de espaço-tempo. Ou seja, a globalização implicaria uma mudança da ideia de sociedade como um sistema bem delimitado para uma perspectiva em que o mundo se torna mais interconectado. "Essas novas características temporais e espaciais, que resultam na compressão de distâncias e de escalas temporais, estão entre os aspectos mais importantes da globalização a ter efeito sobre as identidades culturais."[55]

Dessa forma, o autor mostra que há um processo de mudança a partir da relação entre variados sistemas culturais, em que a identidade acaba por se tornar uma "celebração móvel", que seria formada e transformada continuamente no que diz respeito à maneira como somos constituídos ou interpelados nos sistemas culturais que nos cercam, sendo definida, portanto, histórica, e não biologicamente.[56] O caso dos nipo-brasileiros no Japão representa um exemplo nítido dessas transformações. Acontece uma conscientização por parte dos emigrantes nipo-brasileiros de que não são japoneses, apesar de terem sido estimulados a acreditar nisso enquanto viviam no Brasil na condição de *nikkeis*, tanto por parte da família como pela própria colônia japonesa e pela sociedade brasileira como um todo.[57]

A emigração brasileira para o Japão abarca, portanto, um conjunto de características por vezes contraditórias. Ao mesmo tempo que é seletiva no Japão do ponto de vista étnico/racial, é discriminatória nessa mesma dimensão para com os seus "escolhidos". Ao mesmo tempo que, a princípio, é temporária e motivada pelo trabalho, também

---

[54] *Idem.*
[55] *Idem*, pp. 67-68.
[56] *Idem*, p. 9.
[57] Oliveira, 1998.

se apresenta como presença durável e de perfil familiar. Ainda, uma vez que os nipo-brasileiros, reconhecidos no Brasil como "japoneses", vão para o Japão, lá se descobrem "brasileiros". Ao perceberem essa realidade, desejam retornar ao Brasil, reconhecendo-o agora como seu lugar.

A grande circulação entre os dois países é característica forte desse movimento migratório. Idas e vindas entre Brasil e Japão ocorrem devido à legalidade de entrada, permanência, saída e reentrada a partir do visto de "residente do tipo especial" para descendentes de japoneses. Essa circulação de brasileiros entre os dois países ao longo desses anos, bem como a necessidade de reforçar a identidade brasileira no Japão, favoreceu a formação de redes sociais de brasileiros entre Brasil e Japão.

As redes sociais de brasileiros no Japão são formadas em meados da década de 1990 a partir de diversas relações: entre agentes recrutadores (empreiteiras) e trabalhadores brasileiros; na formação de pequenos negócios de brasileiros para brasileiros (no ramo alimentício, de vestuário, entretenimento, informação etc.); nas relações de parentesco e de amizade que teriam o papel de atenuar os custos e os riscos da migração de longa distância.[58]

Esse movimento migratório com circulação entre Brasil e Japão e a retroalimentação dessas redes[59] podem ser observados a partir dos

---

[58] Sasaki, 2000; Kawamura, 2011.

[59] "[As] criações migratórias, quando reiteradas em dinâmicas circulares entre duas ou mais localidades não contíguas, podem assumir a forma de territórios circulatórios, tal como propõe o sociólogo Alain Tarrius. Diferentemente das definições clássicas de território, que pressupõem controle exclusivo de espaços delimitados, os territórios circulatórios propostos por Tarrius são o produto de processos de autoprodução social ou, ainda, dos fatos de mobilidade de coletivos minoritários. Trata-se, portanto, de territórios alternativos, sobrepostos aos territórios do planejamento urbano, local e nacional, com dinâmicas e formas de funcionamento próprias [...]. O conceito de território circulatório, de maneira ampla, faz referência, portanto, a uma territoriali-

dados da Figura 2. O gráfico mostra que há um fluxo de entradas de brasileiros no Japão que varia entre 80 e 100 mil pessoas por ano desde 1991 até 2007. Apenas a partir de 2008, decorrente da crise econômica que atingiu fortemente o Japão, esse fluxo começa a diminuir e em 2009 cai drasticamente, ano em que as entradas no Japão foram de apenas 37 mil pessoas. O fluxo de saída, embora em um patamar mais baixo, também se manteve desde 1992 até 2007 entre 60 e 80 mil brasileiros por ano saindo do Japão. A partir de 2008, o volume de saídas começa a crescer e atinge o ano de maior saída em 2009, com mais de 100 mil brasileiros deixando o Japão.

FIGURA 2 – Entrada e saída brasileiros
no Japão de 1985 a 2019

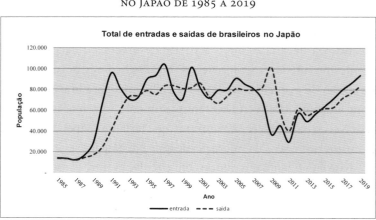

Fonte: Japão (2021).

Do ano 2010 até 2014, a entrada de brasileiros no Japão se manteve menor do que a saída, e essa população diminuiu (ver Figura 1); a partir de 2015, novamente o número de brasileiros entrando no Japão superou as saídas, e foi um período em que a população voltou

---

dade necessariamente mais fluida, invisível, constituída por coletivos/grupos que se reconhecem enquanto tais" (Freitas, 2022, pp. 304-305).

a crescer. Embora tenha recuperado um contingente populacional no Japão, os brasileiros, que antes estavam entre as três principais nacionalidades estrangeiras, passaram então a compor a quinta maior população estrangeira, atrás de chineses, coreanos, filipinos e vietnamitas.[60] Os dados do período pós-crise de 2008 mostram como a migração de brasileiros para o Japão, apesar de sua seletividade étnica, também está estreitamente ligada à conjuntura macrossocial e econômica.

1.2 Migrações transnacionais e a condição de imigrante

O perfil da migração brasileira para o Japão a partir do desenvolvimento de redes sociais é considerado como uma migração de caráter transnacional.[61] A perspectiva transnacional se desenvolve uma vez que as relações por parte dos migrantes entre os países de emigração e imigração se intensificam. Essa mudança em relação aos fluxos migratórios de períodos anteriores à segunda metade do século XX se dá em grande parte pelo avanço no desenvolvimento de tecnologias de transporte e comunicação, que atuam diminuindo distâncias e aproximando as pessoas,[62] mas também por mudanças nas circunstâncias políticas e econômicas dos países considerados no fluxo.[63]

A migração de caráter transnacional abarca os imigrantes que mantêm laços com o país de origem, alimentando uma renovação de práticas, valores e costumes da origem, e que se reconfiguram no destino. É uma característica que está estreitamente ligada

[60] Yamaki, 2019.
[61] Urano, 2009; Yamamoto, 2008.
[62] Faist, 2008; Glick-Schiller, 1997.
[63] Vertovec, 2001.

aos deslocamentos identitários e aos processos de hibridizações culturais.[64] Ao aproximar pessoas e manter laços entre os países de práticas culturais distintas, surgem novas formas culturais próprias a esses grupos que vivem em contextos transnacionais. Novas formas culturais que, como veremos, se expressam, também, numa forma específica de transição para a vida adulta.

> Em toda parte, estão emergindo identidades culturais que não são fixas, mas que estão suspensas, em transição, entre diferentes posições; que retiram seus recursos, ao mesmo tempo, de diferentes tradições culturais; e que são o produto desses complicados cruzamentos e misturas culturais que são cada vez mais comuns num mundo globalizado. Pode ser tentador pensar na identidade, na era da globalização, como estando destinada a acabar num lugar ou noutro: ou retornando a suas "raízes" ou desaparecendo através da assimilação e da homogeneização. Mas esse pode ser um falso dilema [...]. As culturas híbridas constituem um dos diversos tipos de identidade distintivamente novos produzidos na era da modernidade tardia. Há muitos outros exemplos a serem descobertos.[65]

O olhar transnacional favorece essa visão expandida, em que se torna mais propício compreender a formação de indivíduos que mantêm contatos com sistemas culturais diferentes e se formam e se transformam a partir dessas relações.[66] Sob esse prisma, a emigração não necessariamente rompe com o país de origem, e o retorno, tampouco com a sociedade de destino. Essa perspectiva, portanto, a partir da década de 1990, rompe com a prática de estudos migratórios mais frequente e difundida, que trata a imigração principalmente e quase que exclusivamente do ponto de vista do que acontece no país de destino.

---

[64] Hall, 2002.
[65] *Idem*, 2002, pp. 88-89.
[66] Levitt; Jaworsky, 2007, p. 130.

Alguns estudiosos sobre o tema consideram que "a migração transnacional toma lugar em espaços sociais fluidos que são constantemente retrabalhados através de incorporações simultâneas dos migrantes em mais de uma sociedade".[67] Essa visão parece apresentar um cenário mais otimista em relação às situações vividas pelos imigrantes que vivem em contextos transnacionais, pois parece permitir que a ruptura tempo-espacial própria da migração seja atenuada, quando mantêm-se origem e destino mais próximos na vida social.

No entanto, nos questionamos se os imigrantes que fazem parte de dois mundos, que existem nos dois, se constituem e se transformam através dos dois, também não vivem suspensos e/ou deslocados de um lugar reconhecido em uma sociedade estruturada social, política e economicamente a partir dos fundamentos do estado-nação e da nacionalidade. Embora as fronteiras tenham se tornado mais permeáveis no contexto do capitalismo global, os direitos reservados aos cidadãos ainda são, na maioria dos países de imigração, alienados do imigrante. Isso porque os estados-nações na forma como estão organizados têm suas políticas migratórias pautadas nos fundamentos da nacionalidade.[68]

A suspensão vivida pelos imigrantes apresenta um caráter tanto temporal quanto socioespacial. A partir da dimensão temporal, na qual a migração se apresenta quase sempre como temporária no plano do discurso, a suspensão se dá em uma prática que, em realidade, transforma-se em uma migração que perdura no tempo. Dessa maneira, ao imaginar que essa duração está por terminar "em breve", criando uma ilusão de presença temporária, a vida está sempre sendo deixada para "viver depois". No caráter socioespacial, vemos um possível não reconhecimento de sua identidade e seu pertencimento a

---

[67] *Idem*, p. 131.
[68] Sayad, 1998.

um lugar específico. Ao pensar num fluxo que se quer transnacional, também precisamos pensar numa existência que de certa maneira parece suspensa ou entre dois espaços sociais estruturados histórica, econômica e politicamente de formas distintas.

Nos questionamos então como se daria essa incorporação simultânea dos migrantes em mais de uma sociedade. Ao pensar sobre um fluxo transnacional, seria preciso trabalhar com esses dois lados de uma mesma questão. O momento sócio-histórico contemporâneo parece ser o facilitador desses fenômenos, ao mesmo tempo que, do ponto de vista dos indivíduos, isso pode gerar uma existência ambivalente que, por sua vez, gera conflitos.

Os trabalhadores nipo-brasileiros estão inseridos na sociedade japonesa na condição vulnerável de imigrantes; sob o prisma da inserção socioeconômica e de *status* social, são trabalhadores assalariados. Mas, apesar de fazerem parte da classe trabalhadora japonesa, distinguem-se dela, na medida em que sua presença no país de imigração é assumidamente provisória, embora se apresente duradoura de fato, como é o caso de muitas famílias que vivem no Japão há mais de 20 anos.[69] Pelo caráter provisório de sua existência na sociedade de imigração, esta se exime da responsabilidade de desenvolver políticas sociais específicas para esse grupo na situação de imigrantes, ao mesmo tempo que não possibilita o tratamento como o de um nacional para essa população minoritária. A inserção no mercado de trabalho é feita geralmente de forma terceirizada e com contratos de trabalho flexíveis, sem os direitos que grande parte dos trabalhadores japoneses ainda possui, como seguro-desemprego, seguro de saúde, previdência, bônus salariais etc.[70]

Essa contradição entre a existência no país de destino que se pretende provisória – pois é provisória por direito –, mas se apresenta

---

[69] Shishito, 2012.
[70] Roncato, 2013.

durável de fato pode ser verificada na imigração brasileira no Japão. Isso implica uma das contradições que Sayad[71] considera constitutivas da condição de imigrante, o que ele chama de *ilusão da imigração*.

Da mesma forma como que se impõe a todos – aos imigrantes, é claro, mas também à sociedade que os recebe, bem como à sociedade da qual provém –, essa contradição fundamental, que parece ser constitutiva da própria condição do imigrante, impõe a todos a manutenção da ilusão coletiva de um estado que não é nem provisório nem permanente, ou, o que dá na mesma, um estado que só é admitido ora como provisório (de direito), com as condições de que esse "provisório" possa durar indefinidamente, ora como definitivo (de fato), com a condição de que esse "definitivo" jamais seja enunciado como tal. E, se todos os atores envolvidos pela imigração acabam concordando com essa ilusão, é sem dúvida porque ela permite que cada um componha com as contradições próprias à posição que ocupa, e isso sem ter o sentimento de estar infringindo as categorias habituais pelas quais os outros pensam e se constituem os imigrantes, ou ainda pelas quais eles próprios se pensam e se constituem.[72]

A permanência por tempo indeterminado no país de destino parece ser sustentada tanto pela ilusão da provisoriedade, como pela realidade transnacional. Duas forças que conjugam tempo e espaço de maneiras ambíguas e que possibilitaram a formação de uma migração brasileira cada vez mais permanente no Japão. Essa permanência no tempo, bem como a possibilidade legal da imigração de cônjuges e dependentes, favoreceu a formação de um perfil familiar de imigrantes brasileiros no Japão.

A migração de caráter familiar, bem como a constituição de novas famílias por imigrantes que viajaram sozinhos, apresentou

---

[71] Sayad, 1998.
[72] *Idem*, p. 46.

uma nova dimensão do fenômeno migratório de brasileiros no Japão: o crescimento do número de crianças e jovens filhos de imigrantes brasileiros no destino.[73] Se os imigrantes estão eles próprios encerrados em uma condição ambígua e paradoxal a partir da imigração, como vivem seus filhos nesse contexto? Quais as possibilidades de formação pessoal, considerando a suspensão temporária que o campo social transnacional parece oferecer? Suspensão essa que apresenta uma dimensão tanto estrutural quanto cultural.

A vida pessoal e profissional do indivíduo fica atrelada à dinâmica do mercado de trabalho dos dois países. Em muitos casos uma análise superficial pode identificar o comportamento migratório como uma sucessão de decisões equivocadas dos indivíduos com sucessivas idas e vindas, abertura mal-sucedida de negócios e alijamento do mercado de trabalho. [...] o que existe, na realidade, é uma forte influência sobre indivíduos e famílias da instabilidade empregatícia em um mercado de trabalho com força para ligar espaços geograficamente distantes, o que gera uma condição social frágil com consequências na esfera do trabalho, da família, no ciclo de vida do indivíduo ao longo dos anos. Nem sempre as estratégias individuais têm sido capazes de trabalhar com as pressões de ordem econômica, social e emocional geradas por esta condição, o que pode gerar consequências ao longo dos anos, também para a segunda geração gestada atualmente na comunidade brasileira no Japão.[74]

Será que a transição para a vida adulta dos filhos de migrantes não poderia ser pensada também enquanto um projeto para romper com esse deslocamento e essa suspensão? Isso porque, através da transição para a vida adulta, a ideia é de que os jovens se estabeleçam na sociedade a partir de sua conformação própria, no mercado de trabalho, nas relações sociais, afetivas e familiares. Essa inserção

[73] Ishikawa, 2009.
[74] Urano, 2009, pp. 13-14.

e esse estabelecimento devem ocorrer num espaço físico e social, que carrega em si as condições sociais de sua estrutura. No entanto, por se tratar de um campo social transnacional, o espaço pode ser percorrido de forma muito mais rápida e acessível para alcançar os aspectos e as condições que constituem o outro lado desse espaço transnacional ampliado. Se a segunda geração/filhos de imigrantes será aquela que vai romper com essa suspensão e esse deslocamento (se for possível), isso provavelmente ocorrerá de uma forma em que não será preciso necessariamente escolher entre ser japonês ou ser brasileiro, mas talvez construir uma transição complexa entre e nos possíveis modos de ser.

Dessa forma, destaca-se aqui o interesse por dois aspectos da realidade imigrante. De um lado, buscamos conhecer a realidade dos filhos de imigrantes brasileiros no Japão, quais são suas principais características e quais realidades viveram dentro do processo migratório. De outro, exploramos a questão do retorno migratório ao Brasil, resgatando as condições sócio-históricas e familiares em que esse retorno acontece, como ele se configura no curso de vida desses jovens e se o retorno seria um dos eventos que marcam a transição para a vida adulta desse grupo.

1.3 Filhos de imigrantes nipo-brasileiros e o retorno: de volta para onde?

A formação de novas famílias no Japão é responsável pela grande proporção de crianças de 0 a 14 anos entre os imigrantes brasileiros no Japão, formada por filhos nascidos naquele país e outros que migraram junto com seus pais.[75]

---

[75] Chitose, 2006.

Destacamos a formação etária da população brasileira no Japão, pois, quando se trata de populações imigrantes que se caracterizam como migrações a trabalho, a estrutura etária frequentemente apresenta grande concentração de pessoas em idades produtivas. Apresentamos uma representação do caso dos brasileiros no Japão no ano 2010, por se tratar do mesmo ano em que trabalhamos os dados do Censo para a população nipo-brasileira no Brasil e também por representar um período do Japão em que os jovens entrevistados nesta pesquisa (em 2015) viviam ou mantinham vínculos com aquele país.

Em 2010 a população brasileira residente no Japão apresentava uma estrutura relativamente equilibrada em termos de razão de sexos. Na distribuição etária há ainda certa predominância da população em idades produtivas, o que sugere que, apesar de considerada uma migração de caráter familiar atualmente, ela segue intimamente ligada às questões materiais que circundam o mundo do trabalho. No entanto, em relação ao início da imigração brasileira no Japão, a distribuição etária apresenta um crescimento gradativo dos grupos etários de crianças e adolescentes[76] e também das idades acima de 65 anos.

---

[76] Em 1995 o grupo de 0 a 14 anos representava 9,8% do total de brasileiros no Japão, que era de 176 mil pessoas. Já em 2000 essa proporção cresceu para 15,2% de 254 mil brasileiros, e em 2010 a população de 0 a 14 anos representava 17,5% de 230 mil brasileiros registrados no total (Japão, 2011). Os dados mais recentes mostram uma dinâmica de envelhecimento da população brasileira no Japão e alteração da estrutura etária nos anos pós-crise de 2008. Em 2015 a proporção do grupo de 0 a 14 anos apresentou leve queda, mantendo-se no patamar de 17,2%, mas com uma diminuição para 16,4% em 2020. Já a população do grupo acima de 65 anos de idade quase dobrou em proporção, de 1,7% em 2010 para 3,1% em 2015, chegando a representar 4,7% da população brasileira no Japão em 2020.

FIGURA 3 – ESTRUTURA ETÁRIA DE BRASILEIROS
REGISTRADOS NO JAPÃO, 2010

Estrutura etária de brasileiros registrados no Japão, 2010

Faixa etária: 70 e mais, 65 a 69, 60 a 64, 55 a 59, 50 a 54, 45 a 49, 40 a 44, 35 a 39, 30 a 34, 25 a 29, 20 a 24, 15 a 19, 10 a 14, 5 a 9, 0 a 4

Distribuição relativa da população (%)

■ mulher
■ homem

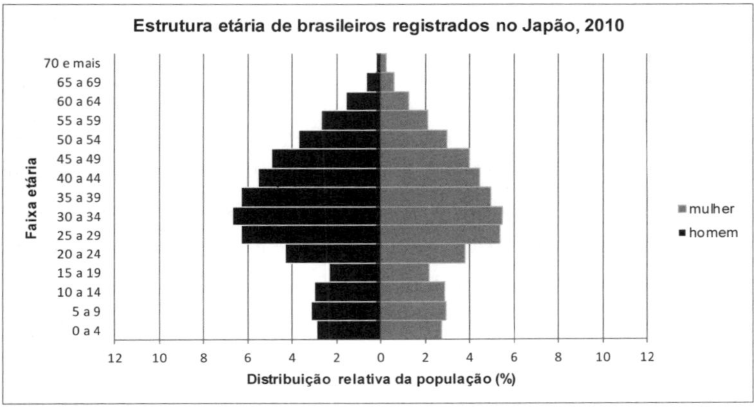

Fonte: Japão (2011).

Em 2010, a população de 230.552 brasileiros era composta por 125.291 homens (54%) e 105.261 mulheres (46%). Essa razão de sexo de 119 homens para cada 100 mulheres apresenta uma tendência de maior equiparação entre homens e mulheres, desde o início do fluxo composto majoritariamente por homens. O grupo de crianças e adolescentes até 14 anos representava 17,5% do grupo.

Esse grupo de crianças e adolescentes é denominado frequentemente pelos estudiosos dos movimentos migratórios como segunda geração de imigrantes. A segunda geração seria formada pelos filhos de imigrantes que nasceram no país de destino e aqueles que nasceram no país de origem dos pais, mas migraram ainda crianças com sua família. O primeiro grupo é chamado de "crianças de imigrantes"; e o segundo, de "crianças imigrantes" (este último grupo pode ser também chamado de geração 1.5).[77] Ambos são abordados aqui e chamados por conveniência de "filhos de imigrantes".

[77] Portes, 1996.

Em que condições vivem os filhos dos imigrantes nipo-brasileiros no Japão? Essa geração que acompanha suas famílias no projeto migratório está certamente inserida na sociedade japonesa na mesma condição vulnerável de seus pais. Se, para o grupo de imigrantes, existem algumas noções que deixam clara para eles mesmos sua realidade (e suas "ilusões"), e se também as sociedades de destino e origem já se organizaram minimamente para lidar com esse processo, seja do ponto de vista jurídico, político ou social, como se dá o processo migratório para crianças e jovens que nasceram no país de destino? Aqueles nascidos no país de destino, filhos de pais imigrantes, seriam estrangeiros natos? No Japão, pode-se dizer que sim, pois o critério para a nacionalidade japonesa considera o *jus sanguinis* (direito de sangue), portanto é baseado na ascendência e na consanguinidade e não no local de nascimento (*jus solis*).

Diferentemente das circunstâncias exploradas em relação à imigração de seus pais, principalmente as motivações e os condicionantes do fenômeno, para os filhos a migração se apresenta como uma condição imposta em suas vidas.

Como eles experimentam e interpretam essa condição? O que significa para os filhos o fato de serem imigrantes? Que peso tem essa experiência em seu curso de vida? Como isso afeta suas escolhas subsequentes na vida? Ter a possibilidade de viver nos dois países acentuaria a sensação de provisoriedade, própria da condição de imigrante? Seria ele um imigrante também em seu próprio país?

A trajetória educacional no Japão

Embora exista atualmente uma extensa literatura sobre a migração de brasileiros para o Japão, a maior parte dos trabalhos discute os processos pelos quais passa a primeira geração de imigrantes.[78]

---

[78] Beltrão & Sugahara, 2009a; Galimbertti, 2002; Hirano, 2005; Kawamura, 2011; Ocada, 2006; Sasaki, 2000; Tsuda, 1999.

Os estudos sobre os filhos desses imigrantes são ainda incipientes e tratam, sobretudo, da educação das crianças, de sua inserção nos sistemas escolares japonês e/ou brasileiro e de sua adaptação no destino ou (re)adaptação no retorno. A questão educacional é tratada a partir das duas realidades existentes atualmente: a educação de crianças e adolescentes nipo-brasileiros que vivem no Japão e a educação de crianças e adolescentes retornados ao Brasil.[79]

A legislação japonesa determina que a educação seja obrigatória para os cidadãos japoneses entre 6 e 14 anos de idade; isso significa que, de acordo com a lei, as crianças estrangeiras não têm a obrigatoriedade de frequentar a escola no Japão. Apesar de crianças e adolescentes estrangeiros terem a possibilidade de frequentar as escolas japonesas, a falta de obrigatoriedade do ensino aos não nacionais isenta o Estado japonês da responsabilidade de educar os estrangeiros.[80] Apesar disso, uma mudança no estatuto de ensino obrigatório japonês, influenciada pelo processo de internacionalização do Japão, criou os projetos de "classes internacionais" (*kokusai kyooshitsu*) em que é oferecido o ensino da língua inglesa nas escolas, bem como o reconhecimento de alunos com necessidades de ensino diferenciadas, como é o caso das crianças filhas de estrangeiros/imigrantes no Japão.[81]

No entanto, considera-se que houve grande dificuldade para que as escolas japonesas e os profissionais da educação conseguissem atender satisfatoriamente a demanda das crianças estrangeiras. Além disso, a forma com que o sistema educacional japonês está estruturado, muito diferente do brasileiro, parece dificultar a inserção e a permanência de crianças brasileiras nas escolas japonesas.[82] Nesse contexto é que surgem as escolas brasileiras no Japão:

[79] Brito, 2012; Dias, 2017; Monteiro, 2016; Ishikawa, 2015; Nakagawa, 2005; 2010; Okamoto; Resstel & Barro, 2021; Sakaguchi, 2018; Tokairin, 2010; Tongu, 2010; Tsuneyoshi, 2004; Ueno, 2008; 2010.
[80] Maxwell, 2009.
[81] *Idem*.
[82] Nakagawa, 2005; Dias, 2017; Okamoto; Resstel & Barro, 2021.

O despreparo por parte da escola pública japonesa em lidar com os alunos estrangeiros aliado com as práticas transnacionais dos imigrantes brasileiros – em especial a ideia de estadia de curta duração e as repetidas idas e vindas entre os dois países – gerou a necessidade por um tipo de escola que atendesse a demandas específicas deste grupo migrante. Em áreas de alta concentração de brasileiros, foram sendo criadas escolas étnicas, cujos serviços vão além das necessidades educacionais das crianças dos imigrantes. Em outras palavras, essas novas instituições de ensino se ocuparão não apenas no aspecto cognitivo de seus alunos mas, também, em toda sua formação, uma vez que estes passam mais tempo sob seus cuidados do que na relação com os pais.[83]

O tempo que as crianças passam na escola é uma questão frequentemente levantada pela literatura sobre os filhos de imigrantes brasileiros no Japão. As escolas japonesas têm aulas das 8h45 até as 14h15 com um intervalo longo no horário de almoço e é considerada uma escola de período integral. Já as escolas brasileiras funcionam nos períodos da manhã e da tarde, com quatro horas de aula cada turno, mas muitos alunos frequentam os dois turnos para que coincidam com os horários de trabalho dos pais. Algumas escolas brasileiras, atuando nesse sentido, também recebem os alunos a partir das 6h30 da manhã, embora as aulas iniciem somente às 8h.[84]

Em relação à educação formal, as crianças brasileiras estão distribuídas entre o sistema educacional público japonês, as escolas étnicas reconhecidas pelo governo brasileiro, as escolas livres brasileiras e creches.[85] Há também uma parcela da população de

---

[83] Maxwell, 2009, p. 7.
[84] *Idem*.
[85] "As escolas brasileiras no Japão são estabelecimentos de ensino privado que oferecem a formação básica educacional em português de acordo com a Lei nº 9.394, de 20 de dezembro de 1996, que fixa as Diretrizes e Bases da Educação Nacional brasileira. Em 2020 existiam 39 escolas brasileiras homologadas no Japão e 13 em processo de homologação" (Okamoto; Resstel & Barro, 2021).

crianças e adolescentes brasileiros no Japão que se encontra fora da escola.

Em 2007, de acordo com as estimativas do Ministério da Educação do Brasil (MEC), publicadas pela mídia brasileira, cerca de 15 mil, ou 25% do total de crianças e adolescentes brasileiros no Japão não frequentam nenhuma escola, sendo a adaptação, ou melhor, a falta de adaptação às escolas japonesas, considerada um dos principais elementos para esses altos índices.[86]

O tempo passado nas escolas no Japão é uma condição ligada à situação dos pais, trabalhadores imigrantes com elevada carga horária de trabalho nas fábricas. Os filhos passam mais tempo nas escolas e na rua, entre amigos, do que no convívio com as famílias. Essa situação no país de destino bem como os arranjos familiares em contexto transnacional, em que filhos e pais às vezes vivem de lados opostos do planeta, também são fatores de diferenciação entre as influências familiares típicas da formação da população *nikkei*, em relação a essas famílias (trans)migrantes. Nesse sentido, também o peso da autoridade paterna sobre os indivíduos que compõem o grupo familiar bem como os valores que constituem a família *nikkei* podem se ver transformados pela imigração.

Embora as crianças passem muito tempo nas escolas, isso não significa necessariamente que o projeto familiar dos imigrantes vise à educação dos filhos para ascenderem socialmente, como foi o caso dos japoneses no Brasil.[87] Algumas críticas em relação à diferença entre os *nikkeis* que permaneceram no Brasil e aqueles que emigraram para o Japão passam pela perda da valorização da educação para os filhos no caso destes últimos. Entretanto, há que se considerar que as condições sociais de classe em que os imigrantes estão inseridos

---

[86] Tófoli, 2007, p. 11 *apud* Tongu, 2010, p. 23.
[87] Yamamoto, 2008.

na sociedade japonesa podem exercer um forte peso no acesso à educação de seus filhos.

Ishikawa[88] mostra que, ao contrário do que tem sido enfatizado pelas escolas e também pela mídia japonesa, há uma preocupação dos pais brasileiros em relação à educação das crianças. Muitas famílias fazem o possível para proporcionar melhores condições de educação no Japão, embora os resultados não sejam os esperados devido às condições sociais em que se encontram na sociedade japonesa, principalmente em sua inserção no mercado de trabalho. Ainda, algumas famílias esperam para oferecer melhores condições de educação aos filhos no Brasil, após o retorno.[89]

As escolas japonesas são de fácil acessibilidade no que concerne às condições materiais para seu usufruto, principalmente por ser a maioria gratuita – as matrículas são realizadas apenas com a documentação básica e por critério de residência. No entanto, no que diz respeito à adaptabilidade das crianças estrangeiras ao sistema de ensino educacional japonês, a acessibilidade pode ser questionada. As crianças brasileiras que frequentam a escola japonesa recebem fortes influências desse sistema de educação, pois neste as atividades (também) vão além da formação curricular do estudante, uma vez que o sistema japonês prevê a educação geral no sentido de formar o cidadão e formar principalmente para o trabalho, incutindo os princípios, as regras, os costumes e a disciplina escolar nas crianças.[90]

Nesse sentido, o papel da escola tem extrema importância na reprodução de valores na sociedade japonesa. Além disso, esse sistema também prevê um grande envolvimento da mãe nas atividades escolares dos filhos. No caso de filhos de imigrantes, em

---

[88] Ishikawa, 2012.
[89] *Idem*.
[90] Kawamura, 2003.

que as mães normalmente trabalham fora em período integral, ocorre um desencontro entre a realidade do sistema educacional japonês e a realidade do trabalho imigrante. Além do desencontro de tempo, há também dificuldades encontradas com a barreira linguística que se apresenta tanto para a mãe, que muitas vezes não domina o idioma japonês, como às vezes para a própria criança, quando ainda não possui o domínio do idioma japonês em um momento de adaptação ao novo país e à nova escola.[91]

Segundo Castro-Vázquez,[92] o processo de educação japonesa visa à homogeneização cultural típica dos ideários japoneses. O mito da homogeneidade étnica e cultural japonesa, portanto, parece ter persistido até os dias atuais, tornando ainda mais complicada a situação dos imigrantes e de seus filhos na condição de *gaijin* no interior da sociedade japonesa. Esse processo educacional com base em valores tradicionais contrasta, no entanto, com uma nova realidade de heterogeneidade do período contemporâneo no Japão, caracterizada por uma maior internacionalização e pela globalização. A principal crítica do autor sobre esse processo educacional que prevê um sistema homogêneo de ensino está na não consideração das particularidades dos alunos estrangeiros, que são tratados e cobrados da mesma forma que os alunos japoneses, a despeito de sua experiência anterior e desconhecimento inicial da língua japonesa.

Interessa-nos traçar as diferenças mais gerais a respeito da trajetória educacional que cada sistema oferece. Essas diferenças serão levantadas aqui no sentido de captar as proximidades e os distanciamentos dos traços socioculturais de cada país que são transmitidos através da escola. Dessa influência, privilegiamos os aspectos das expectativas de formação pessoal, bem como dos valores que são transmitidos através da escola.

[91] Lask, 2000; Castro-Vázquez, 2009.
[92] Castro-Vázquez, 2009.

Identidades culturais transnacionais

Em relação à formação de identidades vividas em contexto migratório, Ueno[93] mostra que é diferente a forma pela qual as crianças e as famílias vivem as mudanças entre culturas. A migração acarreta rupturas expressivas entre conhecido e novo para crianças, e a escola é um espaço de transição fundamental para assegurar continuidade entre ser e ambiente. O processo migratório é assimilado de maneira diferente pelas crianças, trazendo problemas mais complexos do que para os adultos. Nesse contexto, a família, que teria o papel de entorno imediato e protetor, também está em situação de estresse por conta das mudanças da migração.

Os sistemas escolares diferentes influenciam de formas distintas a continuidade da vida dessas crianças, tanto no Japão quanto no Brasil. Uma vez que o curso de vida está em constante interação com os sistemas de referência e as normas sociais que direcionam trajetórias e transições, sublinhamos inicialmente a questão da identidade cultural para esse grupo. Para os filhos de nipo-brasileiros imigrantes no Japão, os meios de identificação são tão ou mais diversos do que os oferecidos a seus pais ainda no Brasil.

> [Para os filhos] existe a sociedade japonesa atual com a qual lidam de diversas formas no dia a dia. Há, também, a origem multicultural de seus pais e as novas possibilidades de identidade construídas a partir do contato com o Japão. E, por fim, há todas as outras formas de identificação comuns à experiência dos demais seres humanos: gênero, sexualidade, localidade etc. Essas diversas possibilidades de interação social e de formas de identificação não podem ser ignoradas quando se pretende entender os fatores que contribuem para a formação da identidade étnica dessas crianças.[94]

---

[93] Ueno, 2008.
[94] Maxwell, 2009, p. 5.

Trata-se de um grupo que tem sua origem ou sua formação inicial em um espaço social transnacional e, portanto, ambíguo e duplo do ponto de vista de referências socioespaciais e culturais. A diferença mais marcante entre os imigrantes eles próprios e seus filhos é a de que os filhos de imigrantes se encontram desde seu nascimento, ou desde sua infância, nesse contexto de um espaço social expandido. Para os imigrantes de primeira geração, a experiência em campo social transnacional é uma forma de desterritorialização de seu lugar de origem e reterritorialização na sociedade de destino, o que significa uma nova localização em que são justapostos discursos e práticas socioculturais, que resulta em tempos e espaços mistos e híbridos.[95] Seus filhos já nascem nesse contexto.

Quando múltiplas culturas se encontram, novas categorias são criadas, e as antigas referências se rompem em algum nível, o que significa que identificar uma única cultura resultante se torna muito difícil. Portanto, o diferencial desse grupo é esse novo sistema de referências desde sua origem, e talvez esse seja seu primeiro sistema de referências socioespaciais e culturais, um sistema de tempos e espaços mistos e híbridos. Já nascem num lugar ao mesmo tempo ampliado em campos sociais transnacionais, mas também suspenso das estruturas sociais – tanto na sociedade de imigração na qual são deslocados, quanto na sociedade de emigração da qual estão deslocados. É a partir desse lugar social que poderão projetar ou localizar suas vidas no futuro.

Estão deslocados, portanto, da realidade social mais concreta e palpável, uma vez que se encontram privados de um lugar apropriado no espaço social e de lugar marcado nas classificações sociais, o "deslocado em todos os sentidos do termo".[96] Isso também se verifica através do sentido de temporalidade que mantém a condição do

---

[95] Canclini, 1995; Levitt; Jaworsky, 2007.
[96] Bourdieu, 1998, p. 11.

imigrante suportável, uma situação que se apresenta como provisória e se torna ao mesmo tempo interminável.[97]

Conflitos familiares na trajetória migratória

A trajetória educacional dialoga diretamente com a expectativa familiar em relação aos seus filhos. Em linhas gerais, para famílias de imigrantes brasileiros cujos filhos estudam em escolas japonesas, há um choque entre as expectativas dos pais e as dos filhos acerca da formação pessoal (linguagem, costumes, práticas sociais, futuro profissional). Bem como um choque entre as expectativas de permanência no Japão ou retorno ao Brasil.

Ainda em relação às estratégias familiares, Yamamoto[98] observa que as crianças, vistas como dependentes e deslocadas de seus ambientes pelas decisões familiares, tornam-se figuras centrais na elaboração das estratégias. São as crianças que, adaptadas ao novo ambiente, resistem às decisões familiares de retorno, ou em alguns casos, deixadas pelos pais no Brasil, recusam-se a acompanhá-los na segunda fase da migração. Nesse sentido, podemos dizer que as estratégias tomadas pelas famílias não são isentas de conflitos entre os desejos individuais e grupais. Esses conflitos levam seus membros a renegociarem as forças de poder de decisão existentes no interior das famílias.[99]

Nas famílias em que há crianças com o domínio da língua japonesa, por um lado, estabelece-se, frequentemente, alguma forma de conflito familiar em razão de um distanciamento comunicacional entre pais e filhos. Isso ocorre principalmente em famílias com mais de um filho, em que irmãos conversam em japonês, e os pais somente em português. Nesses casos ocorre também um conflito identitário

---

[97] Sayad, 1998.
[98] Yamamoto, 2008.
[99] *Idem*, p. 13.

no interior da família; isso porque os filhos que passam a maior parte do tempo na escola se sentem como japoneses e se distanciam cada vez mais dos códigos, dos costumes e das práticas da família que procura reforçar sua identidade brasileira no Japão.[100]

Os filhos nascidos e/ou criados no Japão que são educados em escola japonesa "se sentem japoneses" e frequentemente não querem retornar ao Brasil quando seus pais assim decidem. Essas crianças vivem um conflito entre aceitar e/ou negar suas origens. Na escola, assim como na sociedade japonesa, a imagem daquele que é de fora não é uma imagem positiva, salvo quando traz a imagem e o significado que *gaijin* também carrega na sociedade japonesa, em respeito ao "homem branco ocidental".[101] Para as crianças que são tratadas como japonesas nas escolas, que cobram comportamentos e desempenhos de um japonês – a despeito de sua origem familiar e sociocultural –, há um conflito entre as noções do *nihonjin* e daquele grupo de *gaijin* do qual fazem parte e para o qual há discriminação explícita na sociedade japonesa.

Apesar de terem iniciado sua vida em um projeto migratório familiar comum – que pressupunha o retorno ao Brasil em melhores condições financeiras –, as crianças educadas em escolas japonesas, com o passar do tempo e a consequente dificuldade de reconhecimento do Brasil como seu país de pertencimento, iniciam um processo de ruptura em relação à família e/ou quanto a expectativas de retorno. Ainda que tenhamos considerado que, para essa geração, a hibridização ou novas formas de reconhecimento talvez sejam os caminhos mais prováveis, existem os conflitos de sua formação pessoal enquanto um *nihonjin* ou um brasileiro.

Para aquelas famílias cujos filhos estudam em escolas brasileiras, a proximidade e o reconhecimento de códigos socioculturais e da

---

[100] Lask, 2000.
[101] Ortiz, 2000.

língua portuguesa e os planos de permanência ou retorno são menos conflitantes. As crianças educadas em língua portuguesa têm um convívio majoritário com compatriotas, tanto no círculo social da família, entre as redes sociais de brasileiros, quanto na escola, com filhos de outras famílias imigrantes, cujas experiências se assemelham. Nas famílias a língua portuguesa é predominante, e são compartilhados valores e expectativas sociais e familiares, dentro de um projeto migratório mais comum.[102]

E no retorno? Quando esses filhos voltam ao Brasil, com seus pais ou sozinhos, por que retornam?

O retorno: de volta para onde?

O trabalho de Nakagawa[103] com jovens e crianças filhos de imigrantes retornados do Japão trouxe alguns resultados relevantes para pensarmos sobre o retorno e as trajetórias educacionais e laborais. O estudo demonstrou que as crianças que retornam sempre encontram inúmeras dificuldades de (re)adaptação à sociedade brasileira, ao sistema educacional brasileiro, tornando-as bastante vulneráveis à exclusão social e educacional. A autora relata que há alguns anos se observou uma mudança no perfil dessa população: "Embora cidadãs brasileiras, são crianças nascidas no Japão e muitas delas não conhecem o Brasil e chegam aqui, não como retornados, mas como novos imigrantes estrangeiros".[104] Os trabalhos sobre retorno migratório, principalmente sobre o retorno de brasileiros vindos do Japão, têm tratado sobretudo de suas condições de vida em relação à sua reinserção no mercado de trabalho, à readaptação no Brasil, à distribuição espacial da população retornada.[105]

---

[102] Yamamoto, 2008.
[103] Nakagawa, 2010.
[104] *Idem*, p. 6.
[105] Asari, 2011; Beltrão & Sugahara, 2009b; Fusco & Souchaud, 2010; Hirano, 2005; Kojima, 2009; Nakamoto, 2012; Peres, 2006.

Ao nos perguntarmos em que condição se encontra o imigrante no processo de retorno, principalmente os filhos de imigrantes, concordamos com a visão de Fusco e Souchaud,[106] que trazem um questionamento semelhante ao de Nakagawa,[107] em que o retornado não é visto de forma geral como um emigrante/imigrante. Não obstante, ele pode ter passado tanto tempo longe de seu país de origem, ou ter nascido fora, como é o caso de alguns filhos de imigrantes, que sua condição de quase um imigrante em sua terra de origem deveria ser considerada. Esse tema parece relevante para se tratar desse grupo que retorna ao Brasil.

Para Sayad[108] o retorno é visto como o elemento constitutivo da condição do migrante, o imigrante só deixa de ser assim denominado quando a ideia de retorno não faz mais parte de seu mundo. Não deslocado, não mais imigrante. Mas em um contexto migratório transnacional, como o retorno poderia ser entendido, numa sucessão de idas e vindas?

Buscamos como recurso interpretativo olhar para o retorno também a partir da abordagem de curso de vida. Para os filhos de migrantes, o retorno faria parte de um dos eventos de transição para a vida adulta? Eles retornam para onde? Uma vez que o retorno pressupõe a volta a algo passado e, portanto, conhecido, para essa geração o retorno nem sempre pode ser considerado uma volta a algo familiar.

Vivendo entre dois mundos, não se sabe o que pode ser referência, no espaço e na cultura, ou mesmo para onde ir ou voltar. Talvez o momento de transição para a vida adulta seja o momento de decidir ou pelo menos de tentar se localizar em algum lugar. Se a ideia mais comum de se tornar adulto é um momento de suposta estabilidade, após uma fase de transição, nos perguntamos se/

---

[106] Fusco & Souchaud, 2010.
[107] Nakagawa, 2010.
[108] Sayad, 2000.

como será possível se estabilizar entre/em dois mundos? Se há como construir uma estabilidade, é preciso escolher como ela será objetivada na realidade social mais concreta, e isso ocorrerá dentro de quais quadros socioeconômicos, culturais e políticos? De que gama de oportunidades no mercado de trabalho, nas relações sociais e afetivas? Em que lugar e com quais referências socioculturais predominantes os filhos de migrantes atravessarão esse processo?

Se é verdade que, em um campo social transnacional, há circulação de informações, bens, pessoas, práticas culturais etc., é também possível que, num espaço que parece pairar acima das fronteiras dos territórios e dos estados-nação, os filhos de migrantes estejam em algum nível, levemente ou às vezes intensamente, suspensos das condições objetivas, materiais e concretas da realidade social que descrevem. Tratando-se de transição para a vida adulta, os jovens assumirão sua escolaridade, sua residência, seu trabalho, sua família, em um dado contexto socioeconômico cultural e político. Quais oportunidades e constrangimentos eles vivenciam nesse contexto espacial expandido? E o quanto eles têm de familiaridade, conhecimento e recursos para lidar com essas oportunidades e constrangimentos, do ponto de vista de sua formação educacional, cultural, socioeconômica, política e familiar?

A partir do que revelaram os estudos sobre os filhos de imigrantes nipo-brasileiros no Japão e dos desdobramentos identitários e referenciais decorrentes da relação espacial, buscamos olhar agora para esse processo com a abordagem teórica de curso de vida em uma perspectiva que privilegia a dimensão temporal. Essa abordagem teórica e analítica adota tanto uma compreensão temporal dos fenômenos, quanto uma interação entre processos e tempos, históricos, familiares e individuais.[109] Buscamos dessa forma apreender a experiência anterior no Japão, suas influências e o retorno

---

[109] Hareven, 1978; Elder, 1978; 1987; 1994; MacMillan, 2005.

ao Brasil e os processos pelos quais esses jovens vivenciam a passagem para a vida adulta. Se as crianças passam por diversas dificuldades na condição de filhos de imigrantes, tanto no Japão quanto no Brasil, como isso poderia influenciar o período de transição para a vida adulta?

2
CURSO DE VIDA E TRANSIÇÃO PARA A VIDA ADULTA

Tratar da transição para a adultez implica adotar uma perspectiva temporal da vida. Sob esse prisma percorremos diferentes fases entre o nascimento e a morte associadas à progressão da idade ao longo do tempo. Essas fases têm um forte conteúdo social e histórico, como bem o demonstrou Philippe Ariès[1] em seu trabalho seminal. Isso porque as idades assumem importância variável a cada período da história, como exemplificado na análise das mudanças introduzidas no ocidente europeu com o advento do capitalismo e o fim do chamado Antigo Regime. A invenção da infância marca a organização da vida cotidiana, as instituições, as artes, novidades ensejadas pela queda da mortalidade infantil entre outros fatores.

As fases da vida a que costumamos nos referir seriam a infância, a adolescência, a idade adulta e a velhice. Transitar de uma fase a outra significa adquirir características associadas a uma nova etapa ao mesmo tempo que outras são deixadas para trás. Transitar em direção à vida adulta significa adquirir uma condição de independência, principalmente em relação à família de origem, o que caracteriza o indivíduo adulto em uma de suas dimensões. A adultez opõe-se à

---

[1] Ariès, 1978.

infância e à adolescência, etapas da vida associadas à dependência em relação a outros.[2]

No entanto, essa passagem de uma fase a outra da vida não tem seus limites tão claramente definidos, pois, tratando-se de um processo social, envolve diferentes dimensões, variáveis segundo diferentes sociedades. Além disso, essas variações ocorrem também dentro de uma mesma sociedade, em razão de clivagens de classes sociais/gênero/etnia e através do tempo histórico.[3] Alguns marcos transicionais objetivos são frequentemente usados nas análises sobre o tema. São eles: a saída da escola, a entrada no mercado de trabalho, a saída da casa dos pais e a constituição de domicílio independente, a entrada em união conjugal e o nascimento do primeiro filho. Esses marcos referem-se a diferentes papéis sociais relacionados às idades que os indivíduos atravessam ao longo de suas vidas.[4]

Em grande medida, as preocupações dominantes nesse campo de estudos, desde finais do século XX, concentram-se na compreensão das diferenças introduzidas na passagem à vida adulta nas sociedades capitalistas contemporâneas. Transformações sociais em nível global aumentaram a complexidade da vida, tornando ainda mais difícil a delimitação do período que corresponde à aquisição da condição de adulto.[5]

A construção social da ideia de curso de vida se fundamenta a partir de mudanças sociais, econômicas e familiares de finais do século XVIII e início do XIX na Europa, no contexto da modernização industrial. A perspectiva de curso de vida representa a vida em movimento a partir de trajetórias individuais, as quais refletem também as expectativas sociais e familiares relacionadas

[2] Vieira, 2009.
[3] Hareven, 1978.
[4] Hogan & Astone, 1986.
[5] Hartmann & Swartz, 2006; Vieira, 2009.

às idades.[6] As mudanças sociais e econômicas ocorridas a partir da modernização das sociedades ocidentais durante o século XIX, especialmente os processos de industrialização e urbanização, bem como mudanças demográficas e na vida familiar, constituem o conjunto de fatores associados a esse tipo de segmentação social da vida.[7] Essas transformações expressam um movimento que pode ser visto como a institucionalização que deslocou o eixo de regulação das necessidades coletivas da família para organizações mais individualizadas e mediadas por instituições sociais.[8]

Segundo Hareven,[9] avanços alcançados pelas ciências comportamentais e médicas no século XIX e sua divulgação no século XX acabam por popularizar um determinado tipo de segmentação associada à importância atribuída a diferentes idades. Como chama a atenção Vieira,[10] políticas públicas dirigidas a determinados grupos de idade na população colaboraram para a cristalização de noções a respeito das características de cada etapa da vida: "escolas para crianças, frentes de trabalho para adultos e aposentadoria para idosos, são alguns exemplos".[11]

As mudanças estruturais desse período instauram um processo de racionalização da vida. Dessa maneira, o curso da vida em um contexto de modernização e racionalização das sociedades começa a se definir mais fortemente a partir de instituições que orientam e controlam a periodização, com um caráter de "cronologização da vida".[12] As razões pelas quais a cronologização da vida pôde ocorrer estão inseridas nesse contexto das transformações econômicas e

[6] Hareven, 1978.
[7] *Idem*; Vieira, 2008.
[8] Hareven, 1999.
[9] *Idem*.
[10] Vieira, 2009.
[11] *Idem*, p. 28.
[12] Debert, 1997.

políticas. A padronização do curso de vida entre as fases de infância, adolescência, idade adulta e velhice é favorecida por essa mudança entre uma economia que tinha como base a unidade doméstica e um sistema produtivo baseado no mercado de trabalho. E, por outro lado, questões que eram consideradas de ordem privadas até então passam a ser tratadas como problemas de ordem pública, que devem ser administradas pelo Estado moderno.[13]

A perspectiva teórica de curso de vida buscou, desde seu início, enfatizar o papel das instituições e das normas sociais e culturais no desenvolvimento do percurso das vidas individuais. Nesse sentido, o curso de vida típico da era industrial apresentaria um aspecto padronizado entre as idades, institucionalizado em suas normas, obedecendo a certos padrões sociais de *timing*, ordem e duração, bem como a expectativas socioculturais circunscritas ao contexto e em relação a esses padrões.

A ideia de padronização é um desdobramento de uma maior previsibilidade do curso de vida, uma vez que o desenvolvimento de serviços públicos, benefícios e oportunidades de educação e trabalho passou a ser definido pela idade. Dessa maneira, os grupos etários começaram a viver as mesmas experiências que estariam relacionadas ao seu desenvolvimento esperado para aquela determinada idade.[14] A institucionalização do curso de vida ocorreu por meio do aumento dos direitos que um indivíduo poderia ter, proporcionado pelo Estado, a partir de uma base universal e padronizada ao longo do século XX.

Essas transformações sociais acarretaram também um processo de individualização do curso de vida. A individualização se refere à compreensão da própria vida como um projeto pessoal deliberado, o que não era uma ideia comum até o século XIX. Antes desse período, as vidas individuais eram fortemente modeladas pelas exigências da

[13] *Idem.*
[14] Shanahan, 2000.

vida familiar.[15] "Tratar das transformações históricas ocorridas com a modernização é também chamar a atenção para o fato de que o processo de individualização – e o individualismo como valor próprio da modernidade – teve na institucionalização do curso da vida uma de suas dimensões fundamentais."[16]

Esse modo de organização da vida de forma padronizada, institucionalizada e individualizada típica das sociedades modernas também se configura numa forma específica de lidar com o tempo, como "uma medida objetiva, universal e dotada de uma direção, uma orientação linear voltada para um fim específico".[17] Essas formas de percepção do tempo, bem como as próprias formas de organização da vida em seu curso, passam por novas transformações a partir da década de 1960.

2.1 Curso de vida nas sociedades capitalistas contemporâneas

As transformações sociais contemporâneas estão situadas, de modo geral, na passagem do século XX para o XXI a partir das novas configurações da economia capitalista, que passam de um modelo industrial para o de uma economia globalizada. Esse momento suscita novas questões de ordem ideológica e organizacional da vida. Fala-se na cultura de um novo capitalismo[18] que, em alguma medida, causa e é resultado de mudanças substantivas nas formas de organização societais – econômica, política, cultural etc.

Nesse contexto, o processo de individualização do curso de vida, já em vigor, se acelera e se torna diferenciado a partir dos anos finais

---

[15] Hareven, 1982; Shanahan, 2000.
[16] Debert, 2010, p. 59.
[17] Vieira, 2008, p. 29.
[18] Sennet, 2006.

da década de 1960. Alguns autores consideram que as trajetórias escolares, laborais e familiares altamente padronizadas tenham se abalado por mudanças intensas, estruturais e culturais, levando a novos patamares e novas formas de individualização.[19] Essas relações se configuram na chamada despadronização[20] em relação à temporalidade dos eventos no curso de vida. Em relação à transição para a vida adulta, há novas configurações nesse sentido, em que a educação continuada passou a ser uma exigência do mercado e a aposentadoria também deixou de ser sinônimo de inatividade, de tal modo que há sobreposição entre educação, trabalho e aposentadoria.[21]

As mudanças no curso de vida, consideradas também a partir dos termos "desordem" e "despadronização", estão de certo modo atreladas à expansão da educação, que por sua vez alterou as dinâmicas do mercado de trabalho. A desinstitucionalização significa que estados, estágios, eventos e transições apresentam menores níveis de controle/previsibilidade social. Poderíamos questionar, entretanto, até que ponto menor controle também se traduz em menor proteção social.[22]

Bauman[23] compreende o momento histórico contemporâneo como uma fase que se caracteriza pelo "derretimento" dos laços que constroem o "nós", ou seja, trata-se da fragilização dos laços que podem coordenar e amarrar interesses individuais em projetos e ações coletivas. Uma das formas é através da construção desse discurso da (nova) individualização. Significa, portanto, um período de desenraizamento coletivo, em que se passa a um momento no

---

[19] Kohli, 1986; Buchmann, 1989; Shanahan, 2000.
[20] A despadronização sugere que os eventos, sequências e *timing* ocorrem de forma mais dispersa em relação às idades e durações (Brückner & Mayer, 2005).
[21] Vieira, 2008, p. 29.
[22] Brückner & Mayer, 2005; Vieira, 2008.
[23] Bauman, 2001.

qual não se tem mais, ou tem-se enfraquecidos significativamente, os padrões, os códigos e as regras (instituições) que operavam como "pontos estáveis de orientação".

Isso não quer dizer que nossos contemporâneos sejam guiados tão somente por sua própria imaginação e resolução e sejam livres para construir seu modo de vida a partir do zero e segundo sua vontade, ou que não sejam mais dependentes da sociedade para obter as plantas e os materiais de construção. Mas quer dizer que estamos passando de uma era de "grupos de referência" predeterminados a uma outra de "comparação universal", em que o destino dos trabalhos de autoconstrução individual está endêmica e incuravelmente subdeterminado, não está dado de antemão.[24]

Dessa maneira, haveria aqui uma guinada no modo como o homem se entende, em seu processo de autorreflexão na sociedade. Os indivíduos hoje têm que ir atrás de suas identidades, têm de encontrar seus grupos, que antes eram dados, e o resultado disso é que

> [...] o peso da trama dos padrões e a responsabilidade pelo fracasso caem principalmente sobre os ombros dos indivíduos. Chegou a vez da liquefação dos padrões de dependência e interação. Eles são agora maleáveis a um ponto que as gerações passadas não experimentaram e nem poderiam imaginar.[25]

Assim, com o processo de maior individualização, também ocorre a despadronização do curso de vida, que implica, portanto, uma maior heterogeneidade dentro de um mesmo grupo etário. Ou seja, pessoas de diferentes idades podem estar expostas à mesma experiência, ao mesmo tempo que, em um mesmo grupo etário, há

[24] *Idem*, pp. 14-15.
[25] *Idem*, p. 15.

uma maior variabilidade de experiências. Assim, a imagem típica da segmentação do curso de vida – que tem crianças e adolescentes que só estudam, adultos que só trabalham e aposentados inativos – se torna menos nítida. Existe atualmente uma grande combinação de "*status* escolar, ocupacional e conjugal, [que] se misturam, se confundem e levam a uma ampla gama de outras possibilidades [...]. Quanto maior a heterogeneidade de combinações realizáveis, maior é a complexidade do curso de vida e mais difícil se torna vislumbrar um padrão etário rígido".[26]

2.2 Tempo histórico, tempo familiar, tempo individual: curso de vida e migrações transnacionais

Elder define que "o curso da vida refere-se a caminhos através do tempo de vida, diferenciados por idade, para os padrões sociais de *timing*, de duração, de espaçamento e da ordem dos eventos".[27] Do ponto de vista da interação entre os processos e os tempos, histórico, familiar e individual, a abordagem de curso de vida adota a interpretação de transições individuais e familiares como parte de um processo interativo contínuo.[28] Hareven[29] além do mais considera que as transições no curso de vida são determinadas no tempo através da interação de fatores demográficos, econômicos e sociais, bem como a partir de normas familiares e culturais.

Dentro dessa perspectiva, a autora lembra que "padrões de *timing* podem ser violados ou reforçados por circunstâncias históricas específicas, como guerras ou depressões econômicas, e em uma

[26] Vieira, 2008, p. 29.
[27] Elder, 1978, p. 21.
[28] Hareven, 1978.
[29] *Idem.*

escala mais local, a migração".[30] Os processos relacionados às normas sociais e culturais estabelecem expectativas sobre as idades de se passar por determinadas experiências. Os eventos sociodemográficos que caracterizam a transição para a vida adulta são marcados por tais expectativas. As idades esperadas para se terminar os estudos, para começar a trabalhar, sair da casa dos pais, entrar em união e ter filhos geralmente estão circunscritas ao contexto social e histórico, às normas culturais de um lugar. "Como os indivíduos se movem através da estrutura etária, eles se preocupam se estão adiantados, no 'tempo certo', ou atrasados na entrada de um papel social e comprometidos por um sistema informal de recompensas e sanções."[31]

Como essas expectativas se traduzem em um contexto social transnacional, como é o caso da migração Brasil e Japão? E, também, no momento sócio-histórico contemporâneo, em que processos de transformações macrossociais, de novas configurações familiares e normas socioculturais, influenciam tanto as relações espaciais quanto temporais nas vidas individuais.

A migração de brasileiros para o Japão afetou de forma diferenciada os filhos dos primeiros migrantes. Isso ocorreu principalmente a partir do caráter transnacional desse fluxo e das descontinuidades na trajetória educacional dos filhos desses imigrantes. Essa conjuntura consequentemente ressalta as incertezas nas trajetórias futuras, próprias da transição para a vida adulta. Entretanto, além de reforçar as incertezas próprias dessa fase da vida, a migração também está inserida num momento sócio-histórico de transformações macroestruturais. Essas mudanças contextuais afetam o curso de vida em um momento de passagem entre os modos de organização social típicos de uma modernidade que se configurava

---

[30] Idem, p. 7
[31] Idem, p. 28.

a partir de referenciais de estabilidade e as formas contemporâneas que apresentam uma maior fluidez tempo-espacial e institucional.[32]

Começamos por discutir aqui a ideia acerca de uma percepção temporal que se altera, pois essa ideia estabelece conexões com as dimensões tempo-espaço referentes à migração e à transição para a vida adulta dos migrantes. Vieira[33] lembra que falar de transição para a vida adulta é trabalhar com um conceito, portanto algo socialmente construído, podendo assim a noção do que seja "se tornar adulto" variar segundo a visão dos indivíduos que passam por distintas experiências em variados contextos sociais e períodos históricos. Dessa forma, esclarece que "parece haver consenso na literatura especializada de que os marcos transicionais e a percepção da duração ideal da fase juvenil variam de acordo com a cultura e o grau de afluência das sociedades".[34]

Destacamos nos apontamentos de Vieira as condições a partir das quais a noção de tornar-se adulto pode variar – os períodos históricos, os contextos sociais e a visão dos indivíduos – justamente porque é a partir da interação e/ou inter-relação entre essas três dimensões que desenvolvemos nossa problemática acerca da transição para a vida adulta em contexto migratório contemporâneo.

A migração, como vimos anteriormente, é um fenômeno social que afeta de forma significativa a percepção que os imigrantes/emigrantes têm do tempo. Isso porque, com a promessa de um retorno latente e a provisoriedade permanente, o tempo não tem mais um caráter de continuidade ou linearidade no curso de suas vidas; antes, está temporariamente suspenso. Em particular no caso dos brasileiros no Japão, ao deixarem para viver "quando estiverem lá", os imigrantes adotam uma perspectiva de vida que influi em

---

[32] Bauman, 2001; Harvey, 1998; Hall, 2002.
[33] Vieira, 2009.
[34] *Idem*, p. 4.

processos repetitivos de idas e vindas entre Brasil e Japão – uma circulação entre os espaços. Se aqui não é "meu lugar", eu fico por enquanto, mas logo estarei "lá". Tal experiência é bastante comum entre os imigrantes brasileiros no Japão e explorada em estudos sobre o tema.[35] Essa circulação de estadas temporárias se configurou de tal forma ao longo do tempo, que essa imigração chega a ser considerada como "permanentemente temporária".[36] Mas "viver lá" é viver onde?

Essa é uma questão que nos coloca diante da relação dos indivíduos com o espaço social e que, em contexto migratório, se apresenta de forma ainda mais complexa. Para os filhos dos imigrantes brasileiros, "lá" pode ser tanto o Brasil quanto o Japão, uma vez que o campo social de imigrantes brasileiros no Japão tem esse caráter de transnacionalidade.

Portanto, o imigrante pode estar "aqui e lá" ao mesmo tempo. Esse estar "aqui e lá" tem um sentido simbólico relevante: agora se pode atravessar de um lugar a outro em uma velocidade antes impossível. Além disso, há também novas formas de relações com o avanço das tecnologias de comunicações. Tais mudanças reconfiguram as relações interpessoais e institucionais de tal modo que, mesmo estando fisicamente distantes, se tornaram instantâneas. Os jovens imigrantes também provavelmente possuem credenciais mínimas para viver tanto em um contexto quanto em outro, a partir de sua formação dupla que os mantêm nesse modo flexível de relação com o espaço e o tempo.

Um dos aspectos das transformações contemporâneas em contexto de um capitalismo global e uma revolução tecnológica é a "'compressão espaço-tempo', a aceleração dos processos globais, de forma que se sente que o mundo é menor e as distâncias mais curtas,

---

[35] Rossini, 2000; 2008.
[36] Tsuda, 1999; Beltrão & Sugahara, 2006.

que os eventos em um determinado lugar têm um impacto imediato sobre pessoas e lugares situados a uma grande distância".[37]

Hall[38] busca traçar o impacto destas transformações contemporâneas, particularmente sobre a dimensão tempo-espaço, para tratar de questões identitárias. Segundo o autor, esse impacto da compressão tempo-espaço significa uma crise nos sistemas de representação, pois

> [...] o tempo e o espaço são também as coordenadas básicas de todos os sistemas de representação. Todo meio de representação – escrita, pintura, desenho, fotografia, simbolização [...] – deve traduzir seu objeto em dimensões espaciais e temporais. Assim a narrativa traduz os eventos numa sequência temporal "começo-meio-fim".[39]

Como assinalamos no capítulo anterior, a representação identitária dos filhos de imigrantes *nikkeis* está profundamente marcada pela imigração de caráter transnacional, mas carrega também uma longa história de descontinuidades e transformações desde a imigração japonesa no Brasil.

Esses jovens precisarão estabelecer as relações com esse espaço social transnacional em um momento crucial de suas vidas, em que atravessam o período de se tornarem independentes de sua família de origem. E isso em um momento histórico que também nos parece em transição. Se os sistemas de representações da modernidade implicavam uma narrativa unilinear, com começo-meio-fim, na construção de um curso de vida baseado nas idades, com tempo "certo" para vivenciar cada evento e durações socialmente esperadas, hoje essa ideia, como vimos, está se transformando; já vivemos em alguma medida "sob a lógica da simultaneidade, do instantâneo, do virtual e do real".[40]

---

[37] Hall, 2002, p. 70.
[38] *Idem, ibidem.*
[39] *Idem, ibidem.*
[40] Vieira, 2008, p. 29.

Os jovens filhos de imigrantes estão a constituir seu próprio caminho entre um extremo do mundo ao outro. Estão "por eles mesmos" num mundo em que as fronteiras se expandem ao passo que o tempo-espaço se comprime. Consideramos ainda que, quando as referências são múltiplas, acabam por perder seu caráter norteador e se transformam todas em iguais possibilidades muito variadas, que se apresentam num espaço de tempo muito curto, simultâneo.

Alguns desafios para os jovens que atravessam a transição para a vida adulta nesse cenário podem ser observados a partir do trabalho de Richard Sennett[41] sobre a emergência da "cultura do novo capitalismo". Nesse trabalho, o autor aponta para a necessidade atual de uma reconstituição da própria narrativa para um tempo de curto prazo, uma vez que não há segurança de empregos duráveis. Essa experiência é bem conhecida entre os grupos de imigrantes laborais temporários.[42]

A flexibilidade atual do mercado de trabalho, em consonância com a desinstitucionalização e a despadronização do curso de vida, não permite que os indivíduos se constituam mais como em outros tempos em determinados papéis. Os papéis sociais não são mais estáveis. Noções como lealdade e compromisso entre empresas e trabalhadores, por exemplo, não são mais fundamentais no mundo do trabalho[43] e nunca foram, por conta de postos de trabalho precarizados e temporários, uma realidade do trabalho imigrante.

Sennett[44] considera que, nesse contexto, é necessária a reformulação da ideia de formação profissional ou capacitação, em que se exige mais versatilidade e potencial e menos conhecimento prático acumulado. É preciso saber um pouco de tudo, ou pelo menos estar

---

[41] Sennett, 2006.
[42] Sayad, 1998.
[43] Sennett, 2006.
[44] *Idem.*

apto a esse tipo de formação. Também se torna necessária a transformação no processo de construção das expectativas; nesse sentido, não se deve mais criar expectativas de longo prazo, uma vez que a fluidez exige que tenhamos um caráter capaz de abrir mão facilmente das experiências vividas. Assim, construir expectativas em papéis de longa duração, como era possível nos tempos em que havia os chamados *empregos vitalícios*, pode gerar grandes frustrações.

Em resumo, o autor considera que a sociedade contemporânea busca pessoas com uma "individualidade voltada para o curto prazo, preocupada com as habilidades potenciais e disposta a abrir mão das experiências passadas".[45] Entretanto, considera que as pessoas no geral não são assim; haveria a necessidade ainda de uma narrativa contínua sobre suas vidas, na qual se orgulham de suas experiências e das capacitações pelas quais se formaram.[46]

Portanto, é diante desse cenário de mudanças macroestruturais, em um contexto transnacional e uma realidade imediatista e de curto prazo, que os jovens imigrantes transitam para a vida adulta. Questionamos o seguinte: as influências familiares típicas do momento histórico imediatamente anterior, com planos de longo prazo na aquisição de papéis mediados pelas instituições sociais, ainda exercem papel no delineamento das expectativas individuais? Ou, problematizado de outra forma: seriam os jovens de hoje herdeiros dos valores e das expectativas das famílias *nikkeis* no Brasil, com uma ética do *gambarê* (dar o melhor de si/esforço resignado) e um planejamento do curso de vida, em que, através do esforço na esfera da educação e do trabalho, seria possível encontrar estabilidade na vida futura? Esse ideal seria coerente com a conjuntura atual? A imigração não teria afetado também a percepção e as expectativas das famílias desses jovens?

---

[45] *Idem*, p. 14.
[46] *Idem*.

Consideramos que esses jovens filhos de imigrantes podem ter uma maior experiência na relação tempo-espaço sob a lógica da simultaneidade e do virtual-real pela própria condição do imigrante--trabalhador-temporário transnacional. Os filhos, nessa condição desde o nascimento, ou pelo menos desde a infância, vivem nessa situação latente em que se pode estar "aqui e lá ao mesmo tempo", numa relação sempre temporária com o espaço social em que vivem, em que há muitas possibilidades a serem exploradas em outro lugar, suspenso.

Nesse sentido, Sennett[47] colabora para o entendimento das vidas vividas transnacionalmente quando põe em relevo um discurso de que, para vencer na vida, precisaríamos nos adaptar a esse perfil de flexibilização e abrir mão da experiência. A influência desse discurso no tecido social depende de muitas variáveis históricas, mas é esse conflito, de caráter ideológico, que o autor considera que está por trás da reformulação da cultura do capitalismo atualmente. "A cultura que vem emergindo exerce sobre os indivíduos uma enorme pressão para que não percam oportunidades. Em vez de fechamento, a cultura recomenda a entrega – cortar laços para sentir-se livre, especialmente os laços gerados pelo tempo."[48]

Consideramos que, em geral, e especialmente para os imigrantes, parece ocorrer um fenômeno em que as influências na organização e na percepção do curso de vida dos dois momentos sócio-históricos – passagem do século XIX para o XX, e deste para o XXI – coexistem e apresentam conflitos, continuidades e descontinuidades. As configurações de um curso de vida padronizado e institucionalizado ainda permeiam o ideal de muitas famílias, inclusive dos jovens, e suas expectativas são em parte constituídas por essa ideia de uma vida que segue ordenada. Há também um conjunto de expectativas de

[47] Idem.
[48] Idem, p. 179.

que se alcance certa estabilidade a partir da educação e do trabalho, mesmo em um curso de vida que se mostra despadronizado e com alta reversibilidade entre os papéis sociais.[49]

Se, por um lado, a migração rompe com a ideia de um curso de vida que segue de forma linear e contínua, causando certa despadronização pelo seu próprio caráter de deslocamento tempo-espacial; por outro, ela parece atribuir algumas credenciais para lidar com a despadronização e com uma flexibilidade do caráter temporário e fluido, próprios do contexto contemporâneo. As expectativas de planos feitos para prazos curtos, bem como os desencontros com as idades esperadas para vivenciar determinados eventos, o *timing* e a ordem socialmente esperados para, por exemplo, terminar os estudos, entrar na vida laboral, casar, ter filhos, são questões que atravessam com grande frequência a vida de imigrantes e seus filhos.

2.3 A TRAJETÓRIA MIGRATÓRIA E A TRANSIÇÃO PARA A VIDA ADULTA: *TURNING POINTS* POSSÍVEIS?

A abordagem teórica de curso de vida define as noções de trajetórias, transições e *turning points* (pontos de inflexão) enquanto conceitos analíticos. As trajetórias e transições geralmente são observadas em seu *timing* – adiantado, tardio, no tempo esperado –, em sua duração – longa, curta, na duração esperada – e em sua sequência – ordenada ou desordenada – dos eventos sociodemográficos do curso de vida.

As trajetórias correspondem a períodos longos, como a trajetória da vida na escola, no trabalho, na vida conjugal e parental. São papéis inter-relacionados que estruturam a vida do indivíduo, do casal e

---

[49] Hartmann & Swartz, 2006.

da família.[50] Estudos sobre as migrações também utilizam o termo "trajetória" para apreender a trajetória migratória de um indivíduo. Nessa abordagem a trajetória compreende os percursos entre idas e vindas dos migrantes aos países de origem e destino, bem como etapas intermediárias, como as migrações para outros locais antes de se fixar temporariamente em algum local. As trajetórias educacionais, laborais e familiares dos filhos de imigrantes estão, portanto, imbricadas com a trajetória migratória individual e familiar entre Brasil e Japão em um campo social transnacional.

Os jovens filhos de migrantes retornados com os quais trabalhamos nesta pesquisa experienciaram parte ou toda sua trajetória educacional em contexto migratório. Também parte de suas outras trajetórias de vida foram vividas no Japão. Assim, buscamos refletir sobre as implicações dessas experiências anteriores no Japão sobre as transições subsequentes do curso de vida.

As transições são definidas como períodos mais curtos em relação à duração de uma trajetória, através das quais se passa de um estado a outro em um percurso (de solteiro a casado, de estudante a trabalhador, de filho para pais). A abordagem clássica de curso de vida considera que as transições são mudanças com maior ou menor probabilidade de acontecerem segundo a idade e aspectos culturais e se apresentam como marco de novos direitos e obrigações.[51] O que vimos a partir dos processos de despadronização dos padrões etários é que essa probabilidade é mais difícil de ser definida, tornando-se cada vez mais complexo encontrar estruturas rígidas de padrões etários. No entanto, "transições estão sempre imersas em trajetórias de vida que determinam sua forma e seu significado".[52]

---

[50] Elder, 1987.
[51] Blanco, 2011.
[52] Elder, 1987, p. 184.

Ao considerar a realidade migrante, questionamo-nos se as influências de tempo e lugar no curso de vida seriam facilmente reelaboradas num contexto social transnacional. Seria o retorno dos filhos de imigrantes ao Brasil uma tentativa de mudar sua vida a partir da transição para a vida adulta? O retorno ou a própria experiência migratória poderiam ser considerados *turning points* em suas vidas?

A noção de *turning points* (pontos de inflexão) representa eventos que causam forte impacto e alteram a direção do curso de vida da pessoa. Não podem ser determinados prospectivamente, somente de forma retrospectiva. Um *turning point* acarreta mudanças substantivas na vida de uma pessoa, seja de aspectos objetivos ou subjetivos; em longo prazo podem produzir mudanças qualitativas no curso de vida.[53] Ou seja, são marcas perceptíveis do caminho ao longo do curso de vida e representam avaliações subjetivas a respeito de continuidades e descontinuidades, especialmente o impacto de eventos anteriores nos eventos subsequentes.[54] Em contexto migratório a noção de *turning point* favorece a interpretação de eventos marcantes nas vidas dos indivíduos, como a ida para o Japão ou mesmo o retorno ao Brasil.

Uma vez que a migração provoca um deslocamento, consequentemente a experiência migratória pode acarretar rupturas nas demais trajetórias de vida dos indivíduos: laboral, educacional, conjugal, familiar etc. As noções de trajetórias, transições e *turning points* enquanto ferramentas analíticas favorecem a compreensão da transição para a vida adulta nesse contexto em que as trajetórias escolar, familiar e laboral sofreram deslocamentos causados pela migração, por exemplo com o idioma, com o lugar físico e social, o confronto de novos e antigos valores do contexto e da família etc. Essas três principais noções da perspectiva teórica de curso de vida

---

[53] *Idem*, 2003.
[54] Hareven & Masaoka, 1988.

refletem a natureza temporal da vida e de seus movimentos através do tempo histórico e biográfico.[55]

Ao relacionar o fenômeno migratório e a transição para a vida adulta, questionamos se seria a transição para a vida adulta de jovens imigrantes mais despadronizada em relação àqueles jovens que não experienciaram a migração. Se a migração pressupõe um deslocamento, como isso poderia afetar o curso da vida? O quanto os deslocamentos influenciam nas descontinuidades?

A abordagem de curso de vida, ao levar o foco para o plano individual, busca também as relações entre as mudanças da estrutura familiar e do contexto social e histórico. Ou seja, ela assume que muitas transições aparentemente individuais do curso de vida não representam meramente cursos individuais, mas estão fortemente ligadas às estratégias coletivas de unidades familiares. Também considera que as estratégias coletivas são influenciadas por questões de ordem econômica, demográfica e de tradições culturais (étnicas).[56]

Dessa maneira, essa abordagem nos permite estudar o grupo de filhos de migrantes a partir de diversos aspectos, por exemplo: dos tempos históricos, dos valores familiares de descendência étnica japonesa, das expectativas sociais e familiares para esse grupo, bem como do contexto social e histórico em que a migração acontece em suas vidas. Trata-se de um grupo que viveu a experiência migratória na condição de filhos de migrantes e, portanto, na maioria das vezes, estava sujeito às decisões familiares. Podemos entender a migração, para esse grupo, como uma decisão familiar, condicionada ao momento e contexto histórico, socioeconômico e cultural tanto do Brasil quanto do Japão.

---

[55] Elder, 2003.
[56] Hareven, 1978.

3

O PERCURSO DE UMA PESQUISA NA BUSCA DE SENTIDOS

Este capítulo aborda a percepção dos próprios indivíduos em relação aos seus processos de transição para a vida adulta. Essa visão intersubjetiva[1] dos processos vivenciados pelos jovens, refletidos a partir de suas próprias lentes, mostrou-se pertinente para nossa pesquisa por dois principais motivos. Primeiro porque a natureza dos dados secundários não possibilitaria que respondêssemos adequadamente à nossa questão de pesquisa. Ou seja, para investigar as influências da migração no processo de transição para a vida adulta desses jovens, não poderíamos tratar a questão somente a partir da bibliografia especializada no tema, tampouco apenas pelos dados de censos e registros administrativos.

O segundo motivo trata da própria perspectiva teórico-metodológica que adotamos para olhar a questão da juventude entre filhos de migrantes. Embora reconheçamos e tenhamos trabalhado com uma perspectiva que considera os contextos históricos e a conjuntura macrossocial em que os jovens estão inseridos, nosso olhar busca

---

[1] Utilizamos o termo "intersubjetiva" e não apenas "subjetiva" para trabalhar a narrativa de história de vida pois consideramos que a narrativa que o entrevistado constrói sobre sua própria história retrospectiva acontece no contexto específico da entrevista. Sendo assim, é constituída também em partes pelo contato com a subjetividade da entrevistadora e pela relação intersubjetiva que se faz entre ambos.

revelar também quais seriam os conteúdos ideacionais e simbólicos que estão a influenciar esses processos. Assim, na investigação de processos sociais sob a perspectiva de curso de vida, buscamos desvendar, a partir dos relatos de histórias de vida dos jovens, as interações entre os tempos individuais, familiares e históricos, como recomenda Hareven.[2]

A família enquanto instituição social desempenha papel significativo na transição para a vida adulta dos jovens. É ela quem faz a ponte entre o mundo individual e o mundo social em que o jovem se insere e se torna adulto, formando, eventualmente, novas famílias. A transição para a vida adulta poderia ser vista como essa passagem da casa para o mundo e de novo para uma nova casa. Nesse movimento, os jovens reproduzem e atualizam valores e práticas que foram sendo perpetuados por gerações no interior de famílias, ao passo que tais valores e práticas também podem ser transformados em diferentes contextos.

Nesse sentido, buscamos investigar como os jovens nipo-brasileiros que tiveram a experiência migratória durante a fase da infância lidam tanto com as questões familiares, quanto com as de trabalho e estudo pelas quais atravessam na fase de vida atual. Nosso objetivo é responder a duas principais questões: o que é ser adulto nas sociedades capitalistas contemporâneas? E como se tornar adulto em contexto migratório transnacional?

Para tal, realizamos entrevistas em profundidade sobre as histórias de vida de jovens *nikkeis*, adotando uma estratégia qualitativa de pesquisa entendida como aquela que "trabalha com o universo dos significados, dos motivos, das aspirações, das crenças, dos valores e das atitudes".[3] Assim, nossa atenção se voltou para desvendar quais seriam os sentidos considerados pelos próprios

---

[2] Hareven, 1978.
[3] Minayo, 2013, p. 15.

jovens sobre a fase adulta no mundo contemporâneo, levando em conta o tempo histórico e as condições macrossociais que vivenciam. Ainda, a pergunta central questiona o papel da migração no processo de transição, o impacto dessa experiência em um país distante e distinto do Brasil e o olhar dos jovens para si mesmos e para sua produção como indivíduos relativamente autônomos e independentes na sociedade brasileira.

3.1 A PESQUISA DE CAMPO

A pesquisa de campo foi realizada com jovens descendentes de japoneses residentes na Região Metropolitana de São Paulo e no município de Campinas-SP. Esse recorte espacial se justifica tanto pela exequibilidade do campo no quesito de proximidade entre pesquisadora e informantes, como pela condição de a grande São Paulo e Campinas abrigarem um contingente significativo de pessoas com ascendência japonesa.

Nossos informantes, homens e mulheres, tinham entre 25 e 35 anos de idade no período das entrevistas, realizadas majoritariamente no segundo semestre de 2015. A escolha das idades para o grupo de interesse foi pensada no sentido de poder captar algumas das experiências já vividas por eles em seus processos de transição para a vida adulta. Assim, buscamos informantes em uma faixa etária próxima do intervalo superior de corte de idade considerado para a população jovem (29 anos no Brasil, 35 anos no Japão). No entanto, nosso interesse não era apenas pela história retrospectiva, mas também pela maneira como lidam com o processo de transição vivido no presente e suas aspirações futuras. Ou seja, quais seriam os ideais norteadores que mapeavam sua caminhada em direção ao mundo e à constituição de sua emancipação enquanto indivíduo adulto.

O método de seleção dos informantes utilizado foi o *network* ou *snowball sampling* (amostragem por bola de neve), que consiste em uma forma de seleção de amostra não probabilística, intencional e que usa cadeias de referência. Uma das vantagens dessa forma de seleção é que ela é apropriada para selecionar grupos difíceis de serem encontrados ocasionalmente. A técnica consiste em iniciar o trabalho de seleção dos entrevistados potenciais a partir de uma pessoa denominada "semente", a qual indicará novos informantes que possuam os critérios especificados pela pesquisa. Esses novos informantes sucessivamente indicam novas pessoas, e a amostra tende a crescer em rede.[4]

As entrevistas tiveram uma média de uma hora de duração, foram realizadas nos locais de escolha e preferência dos entrevistados, gravadas e transcritas posteriormente. Assim, os locais de entrevista alternaram entre a residência dos informantes, locais de trabalho e espaços públicos próximos ao local de trabalho. Utilizamos um roteiro semiestruturado para direcionar as entrevistas nos temas e nas questões de interesse, tomando o cuidado de permitir que os jovens construíssem suas narrativas de forma mais livre possível, uma vez que estivessem discorrendo sobre o tema proposto.[5]

O grupo principal que selecionamos tinha como critérios, além da idade já mencionada, que tivesse nascido e/ou passado parte de sua vida escolar no Japão, tendo sido exposto à experiência da migração, da educação e da vivência cultural em outro país, ainda na infância. Ao lado desse grupo, e com uma ideia inicial de trabalhar com um grupo controle, selecionamos jovens nipo-brasileiros, também entre 25 e 35 anos, residentes nas mesmas cidades, mas que não tinham vivenciado a migração durante a infância. Assim, iniciamos a pesquisa de campo a partir de duas principais "sementes", uma para o grupo

---

[4] Vinuto, 2016.
[5] Os roteiros estão disponíveis em Shishito, 2022.

de migrantes e outra para os "não migrantes", que nos indicaram novos potenciais entrevistados em ambos os grupos.

Quando idealizamos uma situação de pesquisa, desenhamos grupos que correspondam às nossas categorias de interesse e buscamos encontrá-los no campo. Entretanto, a realidade social é mais complexa e ampla do que nossos recortes e, embora essas segmentações iniciais se façam necessárias para os critérios de investigação e análise, o inesperado muitas vezes se mostra como uma realidade rica de possibilidades de exploração de algo não pensado *a priori*. Foi assim que, ao iniciar a pesquisa de campo tendo já definido os critérios dos dois grupos de entrevistados e colhido os contatos iniciais para cada um, deparamos com duas situações que nos levaram a alterar a estratégia de análise da pesquisa qualitativa, sem que perdêssemos o foco e o objetivo final do campo.

A primeira situação encontrada foi que, ao iniciar as entrevistas com os jovens nipo-brasileiros indicados como o possível grupo controle, ou seja, aqueles que não migraram para o Japão quando crianças, constatamos que a migração também fazia parte de suas realidades. Entre as jovens que foram indicadas por não terem morado no Japão durante a infância, ao iniciar as entrevistas, todas relataram que o pai tinha ido para o Japão na época em que elas eram crianças. Ou seja, o grupo de jovens que imaginávamos não ter vivenciado a experiência migratória na infância na verdade também tinha de alguma forma passado por essa realidade. Entretanto, experienciaram a migração por outro lado, como filhos de migrantes que ficam no Brasil, enquanto seus pais vão à busca de melhores condições de vida no Japão. Também houve casos em que os informantes desse grupo relatavam no decorrer da entrevista que eles próprios já tinham viajado ao Japão, em alguma passagem rápida, a passeio ou acompanhando algum familiar.

Como a situação de "descobrir" a migração dos pais e familiares durante a entrevista se tornou recorrente, decidimos que, em vez de buscar por novos informantes (sem histórico de emigração ao Japão na família), seria melhor reconhecer essa situação como um possível indicativo de que a migração é um fato muito mais presente na vida dos nipo-brasileiros do que tínhamos imaginado inicialmente. Considerando que as migrações entre Brasil e Japão formaram uma população nipo-brasileira, que esteve em trânsito entre os dois países em diversos momentos de sua história, pensar esse grupo populacional como pertencente a um espaço social transnacional fez ainda mais sentido a partir dessa experiência de campo.

Um outro fato a ser relatado foi a dificuldade em encontrar informantes que, além de responder aos critérios, dispusessem de tempo livre para nos conceder a entrevista. Isso porque a rotina de trabalho e o cotidiano desses jovens residentes principalmente na Grande São Paulo se mostraram bastante atribulados. Assim, por algumas vezes as pessoas indicadas pelos informantes anteriores, apesar de terem aceitado participar da pesquisa, não conseguiram encontrar um espaço em suas agendas, e assim a rede se fechava, e acabávamos tendo que recorrer a novas sementes no decorrer do campo.

A segunda situação que apareceu no campo e que decidimos incorporar na nova estratégia de análise veio desse momento. Nesse processo de recrutar novas redes, foi-nos indicada uma jovem nipo-brasileira que tinha uma experiência diferente das duas anteriores citadas como critérios para os grupos referência/controle para a pesquisa. Ela fazia parte de um grupo de jovens *nikkeis* que tinham ido ao Japão como bolsista do governo japonês já depois de concluído o Ensino Superior no Brasil. Essa informante possuía uma forte rede de contatos que estavam dispostos a relatar suas experiências. Dessa forma, decidimos entrevistar também alguns desses jovens para compor o grupo que então seria analisado como contraponto àquele dos jovens que cresceram no Japão, e não mais como um grupo controle.

Consideramos nesse ponto que conhecer de perto também a realidade de imigração de jovens *nikkeis* no Japão na situação de "convidados do governo japonês" e, portanto, depositários de um tratamento privilegiado poderia ser uma forma interessante de pensar a imagem do migrante e suas múltiplas facetas. Isso também abriu a oportunidade de aprofundar em como a migração pode impactar na transição para a vida adulta desses jovens, em outra ponta de influência, reconhecendo os recortes de classe dispostos nessa situação. Dessa forma, a incursão em campo nos trouxe essas situações inesperadas e que acabaram por nos abrir um novo olhar para a pesquisa e alterar a estratégia de análise dos dados.

A partir dessas situações, o que pensamos inicialmente como uma possível comparação entre dois grupos, um "migrante" e um "não migrante", se tornou uma investigação mais próxima de um espectro de experiências migratórias sem que perdêssemos o foco do objetivo principal da pesquisa: explorar os impactos da migração na transição para a vida adulta dos jovens.

Dessa maneira, apresentamos a análise de campo considerando os dados distribuídos da seguinte forma: em uma ponta desse espectro, está o grupo que é o foco da pesquisa, os jovens que vivenciaram a experiência migratória na infância; ao lado deles, os jovens que viveram suas trajetórias todas no Brasil, embora seus pais tivessem experiência migratória no Japão na condição de *dekasseguis*; na outra ponta, os jovens que, ao terminar a trajetória educacional no Brasil, emigraram ao Japão para uma especialização profissional, na condição de convidados do governo japonês.

3.2 Histórias de vida: passagens entre tempos e espaços

Se o indivíduo obedecesse a determinações exclusivamente suas e inconfundíveis, então realmente as histórias de vida seriam impróprias para uma análise sociológica. No entanto, o que existe de individual e único numa pessoa é excedido, em todos os seus aspectos, por uma infinidade de influências que nela se cruzam e às quais não se pode por nenhum meio escapar, de ações que sobre ela se exercem, e que lhe são inteiramente exteriores. Tudo isto constitui o meio em que vive e pelo qual é moldada; finalmente sua personalidade, aparentemente tão peculiar, é o resultado da interação entre suas especificidades, todo o seu ambiente, as coletividades em que se insere.[6]

A pesquisa de campo realizada a partir dos relatos de história de vida nos permitiu captar as relações, as reflexões e os conflitos vivenciados pelos jovens em seus movimentos migratórios e sua formação pessoal. Ao trabalhar com os resultados encontrados na pesquisa, buscamos organizar a análise seguindo os eixos propostos pelo referencial teórico adotado de curso de vida.[7] Nesse sentido, olhamos para as histórias dos jovens considerando suas principais trajetórias, transições e *turning points*. Também trabalhamos as informações privilegiando um olhar sobre as interações entre os tempos individuais, familiares e históricos, como parte de um processo interativo contínuo.

Há que se considerar que, ao trabalharmos com uma ferramenta que atua a partir de construção de narrativas, estamos captando uma transposição de algo que foi vivido e busca ser representado em palavras. Nesse sentido, a narrativa representa uma primeira perda entre a passagem do que estava obscuro na mente e na memória

---

[6] Queiroz, 1987, p. 22.
[7] Elder; Johnson & Crosnoe, 2003; Hareven, 1978.

para uma nitidez que chega com a palavra. Paradoxalmente, o que é chamado de "perda" dá uma maior visibilidade ao contorno das histórias a partir de um "rótulo classificatório colocado sobre uma ação ou emoção".[8]

Quando denominamos a técnica de coleta de dados utilizada neste trabalho como "relatos de história de vida" e não somente "história de vida", como é o termo mais conhecido, ressaltamos uma condição do trabalho que combinou duas formas de utilizar as técnicas. Queiroz faz uma fina distinção entre os termos "história de vida" e "depoimentos": "Na história de vida o colóquio é conduzido pelo narrador, que detém a conduta do relato, enquanto nos depoimentos é o pesquisador que abertamente o dirige".[9]

As entrevistas realizadas com os jovens tinham como fio condutor a reconstrução biográfica a partir da narrativa do próprio indivíduo sobre sua história. Entretanto, havia um direcionamento por parte da pesquisadora por meio de um roteiro semiestruturado que delineava os temas de maior interesse. Dessa forma, consideramos que não utilizamos o método originalmente reconhecido como "história de vida". Isso porque os informantes também foram direcionados a darem seus depoimentos sobre algumas vivências específicas que, se não fossem abordadas, não sabemos se entrariam ou não em sua reconstrução de história de vida como defende a definição do método. Assim, incluímos o termo "relato" junto a "história de vida" para dar a conhecer que as narrativas foram construídas a partir de depoimentos também direcionados e não a partir de uma narrativa linear livre.

> A história de vida [...] se define como o relato de um narrador sobre sua existência através do tempo, tentando reconstituir os acontecimentos

---

[8] Queiroz, 1987, p. 3.
[9] *Idem*, p. 9.

que vivenciou e transmitir a experiência que adquiriu. Narrativa linear e individual dos acontecimentos que ele considera significativos, através dela se delineiam as relações com os membros de seu grupo, de sua profissão, de sua camada social, de sua sociedade global, que cabe ao pesquisador desvendar. Desta forma, o interesse deste último está em captar algo que ultrapassa o caráter individual do que é transmitido e que se insere nas coletividades a que o narrador pertence.[10]

Ainda que em nosso trabalho tenhamos direcionado alguns temas nas entrevistas, consideramos que não se perdeu o que mais interessava para a pesquisa de história de vida dos jovens, ou seja, pudemos captar informações valiosas acerca das relações entre grupos sociais, familiares, étnicos e a perspectiva temporal de curso de vida. Também reconhecemos que, ao trabalhar com a técnica a partir de um olhar sociológico, não buscamos reconstruir trajetórias individuais lineares. A história de vida é

> [...] técnica que capta o que sucede na encruzilhada da vida individual com o social [...] serão procuradas no informante as marcas de seu grupo étnico, de sua camada social, de sua sociedade global – vários níveis que apresentam estruturas, hierarquias, valores ora harmoniosos, ora em desacordo, o que tudo se reflete no seu interior.[11]

A partir do referencial teórico de curso de vida que trabalha com as interações entre tempos individuais, familiares e históricos, consideramos que o método de captação de dados através de relatos de história de vida se mostrou pertinente e profícuo.

---

[10] *Idem*, p. 7.
[11] *Idem*, p. 22.

3.3 Como captar os sentidos?

Tratamos as informações obtidas no campo a partir do Método de Interpretação de Sentidos.[12] Esse método tem como princípios "(a) buscar a lógica interna dos fatos, dos relatos e das observações; (b) situar os fatos, os relatos e as observações no contexto dos atores; (c) produzir um relato dos fatos em que seus atores nele se reconheçam".[13] Operacionalmente o método trabalha em três principais etapas, iniciando com uma leitura compreensiva do material, seguida da exploração com a organização e a categorização e, por fim, a elaboração de sínteses interpretativas do material coletado em campo à luz do referencial teórico da pesquisa.

A primeira etapa da análise realizada se assegura de que, por um lado, tenhamos uma visão de conjunto e, de outro, possamos captar as particularidades do material. Nessa etapa realizamos a análise de todo o material subdividido entre os tempos de vida dos jovens: passado, presente e futuro. Essa subdivisão temporal como recurso analítico e interpretativo nos orienta para captar as influências de eventos anteriores em eventos subsequentes no curso de vida dos indivíduos. Assim, podemos observar como vivenciar o passado na condição de filhos de imigrantes no Japão pode afetar na percepção dos próprios jovens sobre sua formação pessoal, seu presente na transição para a vida adulta e suas expectativas de futuro.

Na etapa de organização e categorização do material, trabalhamos também nos três eixos temporais, buscando as categorias que mais fizeram sentido em cada tempo de vida dos jovens. Em relação ao passado, trabalhamos com as análises sobre a experiência migratória na infância. A categorização e a divisão em segmentos ocorreram

---

[12] Minayo, 2013; Gomes *et al.*, 2005.
[13] Minayo, 2013, p. 100.

a partir das experiências mais significativas relatadas, bem como da influência entre a educação em escola brasileira, japonesa ou em ambas, durante a infância no Japão. No tempo relativo ao presente, trabalhamos com base na questão central da pesquisa, que busca compreender o que seria tornar-se adulto na sociedade contemporânea. Exploramos o material utilizando como recurso de categorização analítica as principais figuras de linguagem que surgiram de forma recorrente nas respostas das questões sobre vida adulta. Por último apresentamos as expectativas de futuro considerando as perspectivas dos próprios jovens e as condições macroestruturais que se apresentam para essa parcela da população que busca um lugar ao sol. "As sociedades [e as pessoas] vivem o presente marcado por seu passado e é com tais determinações que constroem seu futuro, numa dialética constante entre o que está dado e o que será feito de seu protagonismo."[14]

Por fim realizamos os mesmos procedimentos entre os jovens nipo-brasileiros que foram entrevistados como contrapontos à experiência migratória na infância. Estes são aqueles jovens que não migraram na infância, mas tiveram migrações na família, e também os que emigraram como bolsistas depois de realizado o Ensino Superior no Brasil.

Assim, os resultados que seguem apresentam a experiência da migração na infância de dez jovens que se distinguiram a partir da experiência educacional entre escolas brasileiras, japonesas ou ambas. Em seguida apresentamos a experiência do presente dos jovens que atravessam a transição para a vida adulta hoje; nessa etapa da análise foram consideradas as respostas dos 17 jovens entrevistados. A partir dessa parte passamos a trabalhar com os contrapontos entre a experiência de migração na infância e as experiências diversas que compõem o outro grupo. Assim abordamos as relações entre

[14] *Idem*, p. 12.

migração e transição para a vida adulta, bem como as expectativas de futuro dos jovens entrevistados. Embora tenhamos feito essa divisão analítica nesses três grandes eixos temporais para fins de organização e apresentação dos resultados, não perdemos de vista que, durante os relatos, os jovens muitas vezes transitam entre os tempos, sendo que passado e futuro adquirem um novo significado no presente vivido e refletido. O trânsito nesse espaço ampliado entre Brasil e Japão muitas vezes confundia nos relatos a ordem e o tempo em que as experiências foram vividas. Também no aspecto espacial algumas vezes os jovens diziam "aqui" quando estavam relatando algo vivido "lá" no Japão. Ao contar a história, é como se fossem transportados temporariamente para lá (para o Japão, para o passado), e revivem e recontam com o olhar do presente.

A referência às "peças que a memória prega" baseia-se na compreensão de que entre o tempo do acontecimento e o tempo presente do relato o informante, a cuja memória se apela, viveu um conjunto de experiências que, de certa forma, orientam a visão que ele tem do passado. Seu olhar presente para o já vivido sofre a interferência daquelas experiências.[15]

Assim, apresentamos os resultados das entrevistas tomando o cuidado de captar nas falas dos informantes tanto as situações que representam fatos descritos sobre suas vivências, quanto os significados que atribuíram *a posteriori* a essas experiências, a partir de reflexões que o próprio momento da entrevista suscita. "As entrevistas são tratadas como encontros sociais, nos quais conhecimentos e significados são ativamente construídos no próprio processo da entrevista; entrevistador e entrevistado são, naquele

---

[15] Martins, 2004, p. 295.

momento, coprodutores de conhecimento."[16] A partir deste ponto, analisamos e interpretamos o que foi produzido nesses encontros, à luz de nosso referencial teórico e buscando responder a nossas hipóteses e questões de pesquisa.

3.4 Os jovens que compõem a pesquisa de campo

O quadro a seguir apresenta as principais informações dos 17 jovens que compõem a pesquisa deste livro. A primeira parte do quadro traz as informações do grupo principal de jovens que vivenciaram a migração na infância e/ou na adolescência. Logo a seguir são apresentados os jovens que tiveram experiências variadas em relação à migração e foram contrapontos para nossa análise. Trazemos sistematizado neste quadro o resumo do perfil demográfico, migratório e de transição para a vida adulta desses jovens. Os próximos capítulos tratam de abordar as experiências e aprofundar o entendimento das trajetórias imbricadas de cada grupo.

Para trabalhar com os dados da pesquisa de campo, no próximo capítulo apresentamos inicialmente a experiência compartilhada da emigração na infância de dez jovens entrevistados, trazendo o que foi experiência comum a todos em sua formação pessoal e as influências dessa experiência na transição para a vida adulta. Em seguida detalhamos as particularidades encontradas nas trajetórias migratórias, escolares e laborais. Nesse momento trabalhamos com três segmentos de análise em que o marcador de diferença será o tipo de escola que esses jovens frequentaram no Japão: brasileira, japonesa ou ambas.

---

[16] Paulilo, 1999, p. 143.

Quadro 1 – Perfil demográfico, trajetória migratória e transição para a vida adulta dos jovens entrevistados, 2015

Perfil Demográfico			Trajetória Migratória			Perfil de Transição para a Vida Adulta			
Nome	Idade	Sexo	migrou	Ida ao Japão (idade)	Retorno ao Brasil (idade)	Instrução	Ocupação	Conjugal	Filhos	Residência

Grupo de filhos de migrantes (migração na infância/adolescência)

Bianca	24	mulher	sim	4 meses	8 e 14 anos	Superior	Bancária	Casada	não	c/marido
Camila	24	mulher	sim	6 anos	18 anos	Superior em andamento	Secretária	Solteira	não	c/ os pais
Ana	26	mulher	sim	13 anos	18 anos	Superior	Professora	Unida	não	Individual
Patrícia	28	mulher	sim	10 anos	16 anos	Superior	Tec. Arqueologia	Solteira	não	c/ amigas
Rose	30	mulher	sim	8 anos	19 anos	Médio	Administrativa	Casada	sim	marido
Márcia	31	mulher	sim	9 anos	16, 19 e 21 anos	Superior	Mestranda	Unida	não	companheiro
Bernardo	25	homem	sim	1 ano	15 e 23 anos	Superior em andamento	Comerciante	Solteiro	não	c/ os pais
Danilo	27	homem	sim	12 anos	17 e 18	Superior	Gerente	Solteiro	não	Individual
Giulio	30	homem	sim	14 anos	20 e 26 anos	Superior em andamento	Estagiário	Solteiro	não	c/ amigos
Anderson	31	homem	sim	12 anos	16 e 18 anos	Superior	Arquiteto	Solteiro	não	Individual

Grupo com outras experiências migratórias (individual ou familiar)

Larissa	32	mulher	sim	20 anos	25 anos	Superior	Fisioterapeuta	Unida	sim	c/comp. filha
Livia	32	mulher	não	.	.	Superior	Médica	Unida	não	c/comp. filha
Sara	34	mulher	não	.	.	Superior	Marketing	Casada	sim	c/marido, filhos e pais
Laís	35	mulher	sim	16 anos	16 anos	Superior incompleto	Administrativa	Casada	sim	c/ comp. e filho
Maria	32	mulher	sim	12, 20 e 23 anos	23 anos	Superior	Administrativa	Solteira	não	c/ os pais
Gabriel	30	homem	sim	23 anos	23 anos	Superior	Bancário	Solteiro	não	c/ os pais
Heitor	36	homem	sim	24 e 27 anos	27 anos	Superior	Fotógrafo	Noivo	não	Individual

Fonte: Trabalho de campo (2015). Elaboração própria.

Em um segundo momento, no capítulo seguinte, olhamos também para a experiência dos sete jovens que não tiveram a migração na infância, mas estiveram em contato com ela pela emigração de seus familiares. Nessa etapa também tivemos como contrapontos de análise as trajetórias dos jovens que emigraram ao Japão depois de terem concluído o Ensino Superior no Brasil. Estes saíram do Brasil na condição de convidados do governo japonês e, portanto, depositários de um tratamento privilegiado do ponto de vista da migração. Assim, na continuidade trabalhamos com a experiência dos 17 jovens entrevistados, reconhecendo os seus processos de transição para a vida adulta no presente compartilhado.

4
A FAMÍLIA, A CASA, A ESCOLA, E O CHÃO QUE FOGE AOS PÉS

O que observamos pela experiência compartilhada dos jovens entrevistados nesta pesquisa é que a experiência de passado remonta a um tempo anterior ao de seus nascimentos, antepassado. É, assim, marcada pelo menos desde a vinda dos avós japoneses para o Brasil. Embora essa questão geracional não estivesse incluída em nosso roteiro de entrevista, notamos que o tema, ao aparecer espontaneamente nos relatos, ressalta a importância da migração não só nas vidas dos jovens, mas também na formação de suas famílias e de sua própria história. Essa história remete aos avós japoneses e a seus descendentes, numa ideia de continuidade étnica e familiar.

Além da questão da ancestralidade, abordaremos neste capítulo também a migração em si e as experiências da vida escolar que os jovens tiveram nessa passagem, chegando até o momento em que começam a trabalhar, na maioria das vezes enquanto ainda estudam. Assim, neste primeiro eixo temporal trabalharemos os três aspectos que conformaram as experiências de passado dos jovens entrevistados: formação familiar nipo-brasileira, migração na infância e estudos/trabalho. Para os jovens que não tiveram a experiência migratória na infância, buscamos explorar, além da formação escolar, as relações com a identidade étnica de nipo-brasileiros e suas percepções sobre o pertencimento a esse grupo.

A pergunta que inicia a conversa sobre o passado dos jovens buscava levantar questões sobre as primeiras memórias deles, antes de seu próprio processo migratório.[1] Começamos essa conversa com o seguinte questionamento: "Como era sua família quando você era criança, antes de ir para o Japão?". Curiosamente, muitos informantes trouxeram, antes de contar sobre sua própria vida, a história de seus avós japoneses. Contavam a saga da viagem, a vida dura que tiveram no Brasil no início do século XX, como os avós se conheceram, passando pelo nascimento de seus pais até chegarem ao que foi a infância deles próprios (os jovens informantes) no Brasil.

A maior parte[2] dos jovens entrevistados era *sansei*, ou seja, da terceira geração de descendentes de japoneses radicados no Brasil, netos de japoneses. Nem todos remeteram a esse passado mais remoto, mas aqueles que fizeram o traziam como uma memória viva, apesar de não vivida pessoalmente.

Embora não tenhamos perguntado sobre seus ancestrais, a aparição destes nas conversas se mostrou um dado interessante: por um lado, os informantes sabiam que se tratava de uma pesquisa em que eles foram indicados por serem descendentes de japoneses; talvez isso possa ter influenciado na seletividade do discurso de trazer essa informação à tona. Por outro lado, percebíamos nos relatos que a continuidade étnica e familiar parecia ser algo importante, para justificar, de alguma forma, quem eles foram e quem são hoje. Parece que a história de suas vidas não começava necessariamente com seu nascimento e sua infância, mas com a própria migração dos japoneses ao Brasil do início do século XX. Nossa pesquisa segue então por esse caminho, questionando aos jovens se eles refletem sobre quem

---

[1] Essa questão foi feita dessa forma para aqueles que migraram; para os não migrantes, perguntamos de forma geral sobre sua infância, suas primeiras memórias. Os roteiros de entrevista são encontrados em Shishito, 2022.
[2] Apenas Maria e Heitor eram *nisseis* ("segunda geração", filhos de japoneses).

querem ser. Essa pergunta possui contornos complexos, que, como buscamos observar, não dependem apenas dos próprios indivíduos. Nesse sentido, observamos essa imbricação entre os tempos de vida propostos por Hareven:[3] o individual, o familiar e o histórico, e como estão estreitamente relacionados. Para os jovens que migraram enquanto crianças com suas famílias, essa interação se apresenta de forma ainda mais explícita. A migração com suas famílias quando muito jovens é marcada e assumidamente um projeto familiar. Ainda, esse projeto familiar é frequentemente associado a questões de ordem macroestrutural, conjunturas econômicas e políticas de ambos os países, tanto de emigração, quanto de imigração.

4.1 Rumo ao Japão: o chão que foge aos pequenos pés

As experiências do passado relatadas pelos jovens que emigraram na infância apresentam situações comuns e também particularidades decorrentes das próprias diferenças individuais, familiares e de pertença social. Iniciamos essa exploração do passado trazendo o que eles viveram de similar enquanto crianças filhos de imigrantes. Dos 17 jovens que compõem o campo desta pesquisa, dez deles foram os que tiveram a experiência migratória na infância.

Como podemos observar a partir da descrição simplificada das principais características dos entrevistados (Quadro 1), as idades dos jovens migrantes variaram no intervalo entre 24 e 31 anos de idade; esse grupo etário nos permitiu captar impressões de muitas experiências já vividas ao final do período de juventude. As idades de emigração variaram entre 4 meses e 14 anos, compondo um intervalo maior e, portanto, experiências mais variadas também no tocante à

[3] Hareven, 1978.

vivência entre Brasil e Japão e suas possíveis influências no processo de transição para a vida adulta atual.

A primeira condição comum entre esses jovens, mesmo entre aqueles que emigraram em idades mais avançadas, foi a não participação na decisão de emigrar. Essa situação se mostrou comum entre todos os jovens entrevistados e foi relatada a partir de diferentes perspectivas, desde as de sofrimento como também de alegria. Entretanto, a obediência e a participação no projeto familiar se mostraram unânimes, independentemente da vontade dos jovens na época da emigração ao Japão. Dentre os jovens, os que mostraram maior resistência ao projeto familiar foram Anderson e Giulio, que emigraram com suas famílias aos 12 e 14 anos respectivamente. Além deles, Danilo e Ana também comentaram um pouco mais sobre a participação ou não nas decisões do projeto migratório, pois também já tinham 12 e 13 anos respectivamente quando emigraram.

Anderson contesta as motivações de seus pais, considerando que, apesar de terem como motivo a situação financeira, em sua leitura isso não era bem o caso. Ele considera a emigração como uma "ilusão de jogar tudo pro alto aqui e ir pro Japão ganhar dinheiro...". Embora Anderson tenha emigrado aos 12 anos de idade, essa realidade migratória já fazia parte de sua vida desde que tinha quatro anos, quando seu pai foi sozinho para o Japão em 1989, uma época em que acreditava que ganharia muito dinheiro rapidamente e logo retornaria ao Brasil. Ele conta que seu pai se adaptou facilmente ao país asiático, pois era filho de japoneses (*nissei*); também relata a história de seus avós e diz que seu pai vinha passar férias no Brasil nesse tempo que morou sozinho no Japão. Nesse período sua mãe ficou no Brasil com ele e o irmão. Em 1995 o pai retorna, e abrem um negócio em um *shopping*, mas, por conta de um acidente, o negócio fecha, e eles resolvem ir todos para o Japão por questões financeiras. Inicialmente, em 1996, foram o pai e o irmão mais velho, e em 1997 ele e a mãe viajam para se juntar à família.

Financeiro, pela loja... ah financeiro não, porque poderia ter ficado aqui, né, não sei o que se passava na cabeça deles na época, e falaram "vamo!". Eu não faria isso hoje em dia, mas nem ferrando, ainda mais se *tiver* casado, com filho pequeno, não vou pra lá. Largar todo mundo aqui pra ir pra lá também não iria (Anderson – 31 anos, sobre a decisão familiar de emigrar para o Japão).

Quando emigrou com a mãe, Anderson tinha 12 anos e não queria ir; relata que não teve opção, que os pais o obrigaram, e diz ainda que ameaçou fugir de casa para não ter que ir para o Japão. Ele queria ter ficado com a avó, pois já tinha uma vida de adolescente de que não queria abrir mão – jogar bola, empinar pipa etc. Quando disse que voltaria ao fazer 18 anos, segundo ele "foi dito e feito".

Giulio, que também emigrou em uma idade próxima, passou por uma experiência semelhante. De nossos entrevistados, ele foi o que migrou em idade mais avançada, tinha 14 anos na época. No entanto, a migração também entrou em sua vida bem mais cedo, quando tinha apenas oito anos de idade. Nessa época sua mãe viajou sozinha para o Japão, e ele ficou no Brasil vivendo com seus avós maternos e sua irmã mais nova. Giulio, sua mãe e sua irmã já viviam com os avós maternos e tios em um mesmo domicílio antes da emigração de sua mãe; ele não conheceu seu pai e nem a família paterna na infância. Sua mãe é *nissei*, filha de japoneses. No período em que a mãe viveu no Japão (de 1992 a 1996), ela se casou novamente e retornou ao Brasil com o novo marido, nessa época Giulio tinha 12 anos. Logo depois desse retorno da mãe, Giulio conta que o dinheiro que os pais (ele passou a chamar o padrasto de pai) trouxeram não foi suficiente para ficarem no Brasil, pois o país tinha trocado de moeda, e resolveram então retornar ao Japão, agora com a família toda, recomposta e reunida. Sobre a decisão de emigrar, conta que não pôde participar:

Eu queria ficar aqui, eu queria ficar aqui estudando, né. Eu fui bem de má vontade sinceramente falando. Até cheguei a conversar com ela, eu disse "não, mãe, me deixa aqui, eu me viro, estudo, trabalho... faço qualquer coisa, mas eu não quero sair daqui". [Você tinha com quem ficar aqui?] Tinha, eu poderia ficar com minha avó de novo, eu teria que voltar pra Londrina, mas talvez tivesse essa possibilidade, mas ela não queria deixar, ela bateu com os dois pés no chão e disse "eu mando e ponto".

Ao refletir sobre esse momento em que saiu do Brasil pela primeira vez, Giulio lembra o impacto que isso teve em seu estado emocional: "Já que minha mãe disse que eu não poderia ficar aqui, eu disse 'bora, né'. Só que hoje eu vi que... hoje eu vejo que eu passei uns bons meses lá (no Japão), acho que era em depressão" (Giulio – 30 anos, sobre a participação na decisão de migrar, na época com 14 anos).

Observamos um grande conflito entre os tempos individuais no interior das famílias e os projetos que visavam, ao mesmo tempo, manter a família unida e conseguir melhores condições de vida, seja no Japão, seja no Brasil. Para os pais adultos que decidem emigrar por um tempo determinado levando seus filhos, essa experiência parece ter um caráter de melhora das condições financeiras, principalmente no retorno. A manutenção de uma boa condição social faz parte de suas responsabilidades enquanto adultos, pais e mães de família, dentro de um projeto de desenvolvimento pessoal e familiar.

Para os adolescentes que acompanharam os pais, esse projeto mostrou um aspecto de conflito com os interesses pessoais, de desenvolvimento escolar e perspectivas futuras. A saída do Brasil nessas idades parece colocar ainda mais em suspensão os projetos pessoais, estes em construção ainda incipiente.

Danilo também emigrou nessa faixa de idade, com 12 anos. Ele conta que seu pai também já estava no Japão desde 1992, quando Danilo tinha seis anos. Em 1998 a mãe decidiu ir com ele e os irmãos reunir a família e viver no Japão. A partir de sua memória diz que foi com muita vontade porque queria encontrar o pai e se coloca aos 12 anos ainda como criança, sem entender exatamente o que se passava naquele momento: "Era criança... 12 anos, cara... 12 anos daquela época não é que nem 12 anos de hoje, né... era criancinha, cara...".

A vivência de Danilo apresenta um aspecto diferente que é necessário pontuar em relação às de Anderson e Giulio, que foram para o Japão na mesma faixa de idade. Danilo, assim como Ana, que também emigrou aos 13 anos com sua família, pertencia no Brasil a um estrato social considerado de classe média alta. Nesse sentido, as motivações e as condições em que foram ao Japão apresentam um diferencial em relação à maioria dos casos relatados, bem como ao que é conhecido como o comum na emigração de brasileiros ao Japão, a imigração *dekassegui*.

> Aí quando meu pai foi pro Japão, ele não foi *dekassegui*, tinha uma... chamava... "*uarudo*" (mostra como japonês pronuncia), que é *World*, né (risos). Que era uma empresa de Engenharia do Japão. E meu pai é meio... meio pancada assim, e aí ele falou "foda-se, vou pra lá"... Aí ele foi pra lá trabalhar com Engenharia, fazer casa, né (Danilo).

Ana também foi outra entrevistada que teve uma vivência diferente da maioria.

> A impressão que eu tenho do Japão não é a mesma que muitas pessoas tiveram ou têm ainda, sabe... porque eu não tive esse tempo mesmo, sabe... nunca pisei numa fábrica, não consigo nem imaginar como seja, entendeu?... É uma outra relação... de... de tempo, espaço, de tudo, sabe... experiência... (Ana).

O pai de Danilo era engenheiro e a mãe trabalhava no consulado do Japão em São Paulo. Danilo também relata a história dos avós japoneses, tanto do lado do pai quanto da mãe. Conta que o pai era jogador de futebol e depois queria ser matemático, mas o avô proibiu o pai de seguir nessas carreiras e o mandou fazer Engenharia, assim como o irmão mais velho já fazia. Relata que o pai obedeceu ao avô, mas depois de um tempo largou a Engenharia, tendo retomado só bem depois, quando viajou ao Japão. Podemos observar nessas relações entre pais e filhos de origem nipo-brasileira um forte respeito às posições hierárquicas dentro da família e o cumprimento do *on* (valores de devoção filial) devido entre gerações. Ainda que esse comportamento possa não estar totalmente consciente entre os filhos e netos de japoneses que já nasceram e cresceram em contexto brasileiro e, portanto, também em outro espaço social e cultural, as marcas da herança étnica parecem seguir operando como códigos de conduta dentro das famílias.

No Japão depois de um tempo, o pai de Danilo percebeu que ganharia mais dinheiro trabalhando em fábricas e decidiu ir para lá, experiência mais comum aos brasileiros imigrantes. Embora no Brasil e no início da estada no Japão o pai de Danilo tivesse entrado em um mercado de trabalho qualificado, depois de um tempo se uniu aos demais brasileiros que trabalhavam em postos de trabalho que não exigiam qualificação profissional, entretanto, por serem trabalhos pesados e com longas jornadas, o salário se tornava mais atrativo.

A família de Ana também apresentou características diferentes do ponto de vista do perfil socioeconômico dos imigrantes brasileiros no Japão. Seu pai era um empresário no Brasil e começou a ter problemas com a empresa. Ana conta que o pai trabalhava demais, que dormia apenas três horas por noite, isso porque ainda tinha o motorista; conta que o pai dormia enquanto viajava de um lugar a outro a trabalho. Comenta o padrão de vida que tinham, com empregada, babá e motorista, e que de repente os funcionários começaram a "sumir", as coisas de casa também; ela percebeu que algo estranho acontecia com a empresa e que as motivações de ir para o Japão eram mais de ordem de *status* social do que financeiras propriamente:

> Na verdade, meu pai é um imigrante que não sabe lidar com fracasso, um japonês típico, não sabe lidar com fracasso, ele achava que pra gente o mais importante era manter o padrão de vida. Então ele foi pro Japão sozinho, um primo já estava lá. Ele viu no Japão uma possibilidade de manter o padrão de vida, pra gente, né. Até porque pra ele não faria tanta diferença que ele já trabalhava tanto, tanto aqui [...] mas pra mim não fazia o menor sentido (Ana).

Nesse relato de Ana, a manutenção da honra e do nome da família, o que seria o dever dos pais de família dentro do sistema hierárquico de valores japoneses, mostra-se bastante operativo. Quando os pais de família sustentam seus deveres, automaticamente os filhos também seguem devendo a eles lealdade, obediência e respeito. O *on* familiar sendo referencial norteador de escolhas e condutas. Essa formação a partir de um código muitas vezes desconhecido pelos próprios jovens, respondendo a uma estrutura de valores preservada e reproduzida de modo silencioso e efetivo, parece ser uma chave explicativa importante para entender parte dos comportamentos de famílias nipo-brasileiras no Japão, no Brasil e em fluxo.

Em um momento posterior à emigração, Ana comenta sobre sua decisão de retornar ao Brasil, dessa vez considerada individual. Entretanto, embora reconheça que a decisão tenha sido própria, relata as motivações desse retorno, que corroboram a perspectiva de que o *on* segue operando, ainda que de forma silenciosa, como é característico da ética cultural japonesa.

> [Como foi a decisão pra retornar?] Foi minha, foi minha... assim, na verdade meus pais nunca me cobraram assim... "ai, você tem que terminar o colégio e fazer uma faculdade", não. Mas... já que eles estavam se

> esforçando lá pra pagar a minha escola e a do meu irmão, era mais do que obrigação minha voltar e estudar. Então a cobrança, na verdade, essa questão da independência que eu criei quando pequena, na verdade é uma questão de... não é de independência, acho que é mais um general que eu criei dentro de mim mesma... Como eu não era cobrada pelos meus pais, então a cobrança veio de mim mesma. Então eu só tinha essa opção, eu só tinha essa opção. Porque pro meu pai e minha mãe não era uma coisa assim... imposta. Eles estavam fazendo o que eles achavam bom... o que achavam legal pra você, pra sua vida, enfim, mas... o que você vai fazer com isso, problema seu. Mas pra mim essa era a única opção. E ainda tinha aquela cobrança: a única opção é passar numa faculdade pública para não ter que pagar e de novo depender... (Ana).

Aqui vemos essa lógica de dívida com os pais operando nas relações geracionais de forma indizível, como pressupõe a educação japonesa. Há um senso de certo e errado e o que se deve fazer e não fazer a partir do exemplo que a geração anterior mostrou. Embora Ana considere que tenha decidido voltar sozinha para estudar e passar em uma faculdade pública, essa "decisão" parecia ser algo inevitável, uma vez que ela não via outra opção para sua vida naquele momento.

Apesar de todos os jovens terem ido com a família para o Japão, os questionamentos sobre a emigração já eram presentes na época dos planos familiares e se mostraram de forma refletida no momento da entrevista. Ao serem questionados sobre a participação ou não na decisão de emigrar, os jovens que foram já em idades mais avançadas, entre 12 e 14 anos, relatam as impressões da época e também questionam se de fato a situação financeira seria o mote que justificasse tamanha mudança. A perspectiva de Ana sobre a influência da cultura japonesa na decisão de seu pai se mostrou bastante pertinente, uma vez que a linha entre necessidade material e imaterial nem sempre está tão clara.

Para os jovens que foram um pouco mais novos, como Rose, que emigrou com oito anos de idade, e Marcia, com nove, as impressões sobre a decisão de migrar e a participação na decisão tiveram impactos menores. Rose conta que os pais foram para o Japão quando ela tinha seis anos de idade; a mãe é *nissei*, e o pai, brasileiro sem ascendência japonesa; ambos tinham Ensino Médio completo, o pai trabalhava em agência de turismo, e a mãe, em um escritório de uma metalúrgica. Rose e mais dois irmãos ficaram com a avó paterna, pois na primeira viagem os pais não quiseram arriscar levar a família toda; depois de dois anos no Japão perguntaram se as crianças queriam ir também. Nessa época, Rose tinha oito anos, tinha um irmão de nove e uma irmã de doze; a irmã mais velha não queria ir.

> Perguntaram pra gente, a gente queria ir, mais pra ficar com eles, porque tínhamos saudades; quando perguntaram, claro que na verdade eu e meu irmão quis, a irmã mais velha não queria ir, já tinha uma coisa boa na escola, amigos (Rose).

Ao considerar os relatos dos jovens que emigraram no início da adolescência e a situação da irmã de Rose, podemos observar que a emigração nessa faixa etária parece trazer mais impactos do que quando as crianças foram em idades mais novas. Mesmo Danilo, que viajou com bastante vontade de reencontrar o pai, relatou que teve muita dificuldade depois. Nesse sentido Danilo considera que sua formação ficou em uma condição de desenraizamento em fases da vida em que os indivíduos começam a se relacionar mais com o mundo exterior do que no seio familiar propriamente. Ou seja, no momento em que buscava um chão para pisar fora de casa e começar a se entender enquanto indivíduo para além da família, se viu de repente suspenso na situação que a migração suscita: "Eu tenho todos meus problemas agora, porque vocês me arrancaram de um lugar e me jogaram no outro, e não contentes, eu criei raiz, vocês me arrancaram de novo!" (Danilo – comentando como pensou o processo migratório em um momento de dificuldade da vida e como culpava os pais nessa época). Nem dentro nem fora, nem aqui e nem lá.

Marcia, que também foi aos nove anos, viajou com toda a família; embora ainda fosse muito nova, lembra-se vagamente de ter sido ouvida de alguma forma sobre a decisão da emigração. Conta que seus pais estavam mais ou menos bem de vida, mas queriam uma experiência nova e por isso decidiram ir ao Japão. Lembra-se de que, antes de irem para o Japão, surgiu um assunto dos pais sobre ir para o Canadá, e ela dizia que para o Canadá não iria, mas para o Japão sim. Foram todos em 1991 quando ela tinha nove anos. Considera ter sido ouvida porque sabe que era bem mimada quando criança, entretanto relata essa fase da vida com lembranças bem vagas, como foi sobre as primeiras impressões do Japão: "A primeira impressão... nossa, eu não lembro muito bem, mas eu acho que não foi muito choque assim, como eu era criança eu acho que eu não tinha muito no imaginário o que que era Japão, o que eu ia esperar... não tenho muito, assim, recordação, não" (Marcia).

Outra situação que se mostrou comum a todos os jovens entrevistados foi a extensão temporal do projeto migratório. Em trabalho anterior,[4] discutiu-se que a expectativa temporal da imigração *dekassegui* tem sido alterada passando de um fenômeno que se inicia com expectativas temporais de curta duração e se transforma de longo prazo a permanente no decorrer do tempo. Camila, outra jovem entrevistada, relata que ela e sua família foram para o Japão com a intenção de permanecerem por apenas três anos e ao todo ficaram doze anos. Nesse intervalo ela voltou por três vezes com a mãe; essa é também outra característica que se mostrou comum: as idas e vindas entre Brasil e Japão ao longo da experiência migratória.

---

[4] Shishito, 2012.

As expectativas temporais têm uma influência fundamental em relação aos projetos de formação educacional dos jovens que emigraram ainda crianças. Bernardo comenta que os planos de seus pais, inicialmente, eram de ficar pouco tempo, por isso seria bom que ele e os irmãos frequentassem uma escola brasileira no Japão. Danilo também relata que os planos da mãe eram de ficar um ano, e ao final ficaram cinco. Tanto o projeto de ida ao Japão quanto o de retorno se apresentaram fortemente imbricados entre questões familiares e macroestruturais. Com exceção do caso de Patrícia, todos os outros tinham esse plano de emigração temporária. A família de Patrícia, no entanto, ao planejar a emigração familiar, tinha como propósito viver permanentemente no Japão. Esse processo se iniciou também com a emigração do pai sozinho com expectativa de curta duração e depois seguiu para um movimento de reunião familiar.

> Foi em 94 pra 95, meu pai falou "vou pro Japão, vou lá ficar dois anos e volto, pra ver se a gente melhora nossa condição financeira". Só que aí quando foi pra lá ele viu que lá era muito diferente... e ele achou melhor criar a gente lá... Então assim, na cabeça do meu pai era, a gente mudar completamente de vida, e se adaptar no Japão e morar a família inteira lá. [E ele pensava em vocês morarem lá, tipo o resto da vida?] Morar lá, sim, estudar na faculdade, estudar nas escolas, *koukou* (colegial japonês) e fazer faculdade lá mesmo (Patrícia).

Apesar dessa decisão do pai de Patrícia em sua trajetória educacional, ela não se adaptou à escola japonesa, sofria *ijimê* (*bullying*), uma prática bem comum entre os próprios japoneses na escola. O *ijimê* era acionado sobretudo como mecanismo de marcar e manter a hierarquia entre os estudantes, e a prática se tornava ainda mais intensa com imigrantes que entravam na escola japonesa. Depois de um tempo de dificuldade tanto curricular quanto de ambientação na escola japonesa, Patrícia passou a estudar em escola brasileira no Japão e, quando entrou na adolescência, começou a trabalhar enquanto ainda estudava. Em um momento de cansaço dessa rotina pesada de fábrica e de reflexão sobre seu futuro, ela resolve voltar ao Brasil. Retorna sozinha, e os pais seguem no Japão, assim como o irmão. Embora sua família siga vivendo por lá, eles não têm claro se realmente se estabelecerão por lá ou se retornam ao Brasil em algum momento.

A escolha do tipo de escola – brasileira ou japonesa – está estreitamente relacionada ao tempo de permanência no Japão, mas, para além dessa questão, a situação financeira e os planos futuros das famílias também influenciam na decisão de matricular os filhos em escolas brasileiras ou japonesas. Como vimos anteriormente, as escolas japonesas são públicas e gratuitas, localizadas nos bairros de residência das famílias, enquanto as escolas brasileiras no Japão são instituições privadas e que para muitos ficavam localizadas longe dos locais de residência, sendo necessário, portanto, também um tipo de transporte até o local de estudo. Patrícia conta que conseguiu trocar a escola japonesa pela brasileira porque, naquela época, seu irmão de quinze anos de idade começou a trabalhar em fábrica e dessa forma a família conseguiria pagar por seus estudos.

Outra experiência que se mostrou recorrente nos relatos foi o tipo de rotina, fora do período da escola, independentemente de frequentarem escola brasileira ou japonesa. Os jovens relatam que, fora do período escolar, ficavam com irmãos (quando tinham) e sob cuidados de babás em alguns casos, de vizinhos ou parentes em outros casos. Mas todos terminavam o período escolar e ficavam um tempo sob cuidados de terceiros, ou algum tempo sozinhos, até os pais retornarem dos trabalhos. As jornadas de trabalho dos pais eram longas, pois trabalhavam em fábricas e, na maior parte de vezes, faziam horas extras.

As exceções a essa situação foram apenas os casos de Danilo e Ana, em suas famílias o combinado foi que a mãe (no caso de Danilo) e a avó (no caso de Ana) não fossem trabalhar fora de casa para ficar cuidando dos filhos/netos e da casa, mesmo no Japão. Essas duas famílias também eram as que no Brasil pertenciam a um estrato socioeconômico mais alto. O recorte de classe social parece seguir operando de alguma maneira e influencia também nas experiências migratórias. Ainda que todos os jovens tenham passado por situações complexas na infância por conta da emigração, as famílias que tinham outras motivações para além do financeiro no projeto migratório se organizavam de maneiras distintas no destino.

"Ficava com meu irmão... e minha vó... Meu irmão brincando com as coisas dele, era a reprodução do que eu vivia aqui (no Brasil) agora sem a minha mãe que era uma coisa dificílima, porque ela passou a trabalhar fora" (Ana).

Entretanto, a situação mais comum era que, por conta dessa realidade de trabalho dos adultos, algumas crianças assumissem responsabilidades bem cedo, por conta do contexto de trabalho dos pais e em situação de redes de contatos familiares reduzidas.

"Lembro, até uma parte que eu lembro, né, eu lembro que quando minha irmã nasceu eu tinha sete anos, eu já fazia tudo dentro de casa porque meus pais trabalhavam, né. Eu que ia buscar minha irmã na escola, eu que ia buscar ela bebezinha, na creche" (Bianca).

A assunção de responsabilidades em contexto migratório em idades jovens é uma questão que dialoga diretamente com o processo de transição para a vida adulta. Quando as crianças ou os adolescentes são chamados a assumir tarefas consideradas de um adulto, por exemplo, no caso citado por Bianca, de realizar todas as tarefas domésticas e buscar sua irmã ainda bebê na creche, elas passam a vivenciar experiências que não são comuns à maioria das crianças e dos adolescentes de sua idade. Dessa maneira, poderíamos inferir aqui uma primeira influência ou impacto da migração no processo de transição para a vida adulta subsequente. Em uma primeira leitura, poderíamos observar que as crianças podem estar, ou serem vistas como "mais preparadas" para assumir responsabilidades no futuro. Entretanto, ao aprofundar um pouco mais nas trajetórias de vidas, pudemos observar também que a falta de chão que essa experiência migratória suscita nessas idades pode causar também medos, inseguranças e sensações de "despreparo" e "atraso", como alguns jovens mencionaram, principalmente no retorno ao Brasil.

> Era um conflito... eu sentia que eu tava... atrasado, vamos dizer assim, sabe... meu, até com coisas mais simples assim, sabe, por exemplo, na faculdade, entrei na faculdade, um dia rolou um papo de futebol, de "vamo jogar bola", e eu sempre tô, né, aí descobri ali que tinha um grupo de palmeirenses... e aí rolou "vamo no jogo do Palmeiras?". Putz... (faz gestos de negação)... E o medo, cara! Puta, cara, um jogo do Palmeiras, cara? "Melhor não, né"... e os caras vão toda semana... eu não falava isso, né, eu falava "vamo" e por dentro eu tava meio assustado assim, sabe. E aí eu pensava, "ô caralho, tá vendo! Eu tinha que ter crescido no Palestra indo ver o jogo do Palmeiras, cara", e aí esse tipo de coisa, eu sentia esse deslocamento em relação a essa outra galera aí, e eu não queria sentir isso, né, eu achava que aqui que eu tinha que ter crescido, porra, pra ter visto meu Palmeiras (risos) (Danilo).

Patrícia também comenta sobre essa sensação de deslocamento e atraso.

> É muito difícil mesmo, eu voltei com 18 anos, aí eu cheguei aqui também... mesmo tendo trocado, lá no Japão, da escola japonesa pra escola brasileira, o ensino lá não é tão bom quanto o daqui, é diferente a didática dos professores, que muitas vezes os professores são de outras áreas [...]. Mas aí quando eu cheguei aqui eu fiquei... "Gente, o que que eles tão falando? O que eles tão falando? Eu estudei em escola brasileira, mas eu não sei o que eles tão falando!" Aí eu fiz cursinho, dois anos pra poder passar no vestibular... (Patrícia).

Além da rotina fora do período escolar, o que encontramos como ponto comum entre os filhos de migrantes foi uma grande dificuldade de adaptação e acompanhamento na escola, fossem escolas japonesas ou brasileiras. Alguns tiveram dificuldades com conteúdo curricular, outros, de adaptação ao ambiente e no convívio com outras crianças. Além disso, talvez o prosseguimento nos estudos depois de retornar ao Brasil tenha sido a maior das dificuldades relatadas em relação à trajetória educacional. Uma experiência comum e que também foi relatada em todos os casos foi o bom convívio e relações com professores, tanto de crianças que estudaram em escolas brasileiras quanto japonesas. Esse tipo de relação mais marcadamente hierarquizada não apresentou conflitos, embora também houvesse críticas aos sistemas de ensino algumas vezes.

> A escola era legal pelas amizades acima de tudo, a relação com os professores era mais próxima do que no Brasil, porque eram poucos alunos. Os professores eram bacanas, e bem ou mal estavam na mesma situação... de imigrantes, tinha os mesmos tipos de problema etc. (Danilo – estudou em escola brasileira no Japão).
>
> Fui criado num sistema rígido japonês, que era o respeito ao mais velho, entendeu... então... o professor japonês e o professor brasileiro eram a mesma coisa pra mim, eles eram pessoas que estavam ali pra me ensinar, então eu deveria respeito a eles, independente de nacionalidade (Giulio – estudou em escola japonesa no Japão).

Ao tomar as falas de Danilo e Giulio, podemos observar dois aspectos que também permearam a trajetória educacional de filhos de imigrantes no Japão. O primeiro é o reconhecimento dos professores que trabalhavam em escolas brasileiras como também trabalhadores imigrantes em situação similar às suas próprias. Ou seja, ao reconhecer as condições de dificuldade em que os imigrantes vivem no Japão, do ponto de vista de adaptação, direitos e suspensão temporal, isso se estende não só aos trabalhadores de fábricas, mas também aos diversos tipos de trabalhos, como é o caso dos professores. Embora o tipo de trabalho não fosse aquele considerado o mais difícil, de fábrica, sujo e pesado, como são os trabalhos reservados à população imigrante, os professores também viviam o mesmo contexto social, enquanto imigrantes brasileiros no Japão. Nesse sentido há um senso de pertencimento e solidariedade ao grupo imigrante.

O segundo aspecto que pode ser encontrado pela fala de Giulio é a relação permeada pela estrutura hierárquica, que nesse caso independe da nacionalidade ou da pertença étnica e social. Giulio, ao apontar que foi educado em um "sistema rígido japonês", está de algum modo trazendo uma forma de leitura do mundo, a qual carrega independentemente dos espaços em que circula Como ele menciona, tanto no Brasil quanto no Japão, o professor é a figura que deve ser respeitada por ser mais velha e por estar na função social daquele que ensina. Se considerarmos o que vimos sobre as famílias nipo-brasileiras e sua formação étnica e cultural, podemos ver ainda em tempos atuais esse "sistema rígido japonês" operando para além dos espaços sociais e que é algo que parece bem internalizado, incorporado.

Quando iniciamos nosso trabalho de pesquisa, idealizamos situações em que as crianças tivessem estudado no Japão em escolas brasileiras ou japonesas. Ao iniciar o campo, entretanto, encontramos experiências de jovens que tiveram a formação escolar nos dois tipos de escola ao longo da trajetória migratória e educacional. De nossos entrevistados, Marcia, Giulio, Anderson e Rose foram os que estudaram por todo o tempo que viveram no Japão apenas em escola japonesa; Ana, Danilo e Camila estudaram em escola brasileira; e Bianca, Patrícia e Bernardo estudaram em ambas em diferentes fases da vida.

A experiência migratória na infância pareceu impactar nas trajetórias de vidas dos jovens de formas diferentes, principalmente dependendo da idade em que emigraram. Embora todos tivessem sentido a dificuldade de adaptação ao novo mundo e à nova escola, e também de alguma forma a uma nova configuração de casa e família, aqueles que emigraram nas idades mais próximas à adolescência relataram maiores dificuldades em relação a esse deslocamento. Os que emigraram ainda muito crianças se adaptaram melhor ao ambiente japonês, mas apresentaram maiores dificuldades no retorno ao Brasil. O tipo de escola que frequentaram também foi um marcador significativo para as trajetórias futuras, educacionais e laborais principalmente. No entanto, independentemente do tipo de escola em que estudaram, todos relataram dificuldades nessa dimensão da vida, seja no Japão enquanto estavam lá, seja de forma mais acentuada no retorno ao Brasil e na retomada dos estudos.

A ida ao Japão com a família pode ser lida em grande medida como um projeto de reunião familiar, e, para além disso, um projeto familiar comum, de melhoria de vida, de condições financeiras, seja no Japão, seja principalmente com vistas ao retorno. Já a volta dos jovens ao Brasil passa por um projeto de separação da família e construção da própria individualidade, ainda que esse projeto esteja fortemente imbricado com as expectativas familiares e sociais dos contextos em que cresceram.

A retomada dos estudos no Brasil também não acontece enquanto um evento isolado; antes, ela está imbricada com o evento do retorno depois de ter vivido muitos anos no Japão e, portanto, também com o processo de (re)adaptação no Brasil. Apresentamos assim as trajetórias escolar, laboral e migratória (de retorno e circular) a seguir, uma vez que elas se entrecruzam e fazem sentido nesse movimento amplo entre os espaços sociais que ocupam.

4.2 A SUSPENSÃO TEMPORÁRIA: ENTRE ESCOLAS, TRABALHOS E RETORNOS

Todos os jovens entrevistados, independentemente do tipo de escola em que estudaram, relataram dificuldades nos estudos no Japão. A trajetória educacional para filhos de imigrantes no país asiático se apresenta como um desafio de difícil resolução. A escolha pelo tipo de escola – brasileira ou japonesa – sofre uma forte influência dos planos familiares e também influencia, em um segundo momento, nesses mesmos planos. Apesar dos esforços das famílias em manter seus filhos estudando durante o processo migratório, todos relataram grandes dificuldades nessa área da vida, tanto na infância, quanto depois na juventude e nas tentativas de inserção no Ensino Superior e no mercado de trabalho no Brasil.

Escolas brasileiras

Para além das dificuldades no conteúdo curricular, também as dificuldades de adaptação e ambientação nos novos sistemas se mostraram bastante recorrentes. Diferentemente do que se poderia imaginar, esse estranhamento também surgiu em relação às próprias escolas brasileiras no Japão. Para os jovens que estudaram em escolas brasileiras, as percepções sobre dificuldades e ganhos se mostraram distintas de acordo com sua experiência anterior e idade em que entraram nessas escolas.

Os jovens que chegaram do Brasil vindos de escolas particulares, de ensino mais rigoroso, tiveram mais facilidade no currículo e mais dificuldades no convívio. Para esses jovens, como era o caso de Ana e de certa maneira também de Danilo, a realidade do imigrante brasileiro no Japão era muito diferente de suas próprias, que não estavam lá por necessidade financeira propriamente.

> No meu colégio (no Brasil) era aquela coisa de *winner* e *loser*, assim, "você tem que estudar muito porque você tem que entrar numa faculdade pública". Eu cheguei lá (na escola brasileira no Japão)... e, assim, a maior perspectiva dos caras era comprar um carro, dos alunos. Então... eu... não é que eu não concorde com isso, mas é que, sei lá, eu queria outras coisas pra minha vida, então eu ficava meio preocupada com isso, eu pensava "nossa, mas um dia eu vou ter que voltar pra prestar vestibular, como é que eu vou fazer, ter que estudar tudo de novo, sozinha, não vai ter jeito" (Ana – estudou dos 13 aos 17 anos em escola brasileira no Japão).

Ana, que no Brasil estudava em uma escola de ensino bastante "puxado", como ela relata, ficou bastante surpresa e teve dificuldades de adaptação tanto em relação ao convívio, quanto ao currículo escolar.

> Fiz a prova em dez minutos, achei muito fácil... achei defasadíssimo [...] "tem algo errado nisso" pensei, ninguém faz uma prova em dez minutos e tira dez, pelo menos não na escola que eu estudava aqui... estudava no Anglo, que é bem puxado, bem puxado [...]. Cheguei lá, fiz a prova, tirei dez e acabou, pensei "ah vou me dar bem", mas ao mesmo tempo fiquei preocupada, pensava que "isso aqui tá fora do que ensina no Brasil, essa escola foi aprovada pelo MEC? Será que com isso aqui dá pra continuar no Brasil?" [E os outros alunos? Tinham dificuldade?] Tinham muita dificuldade, porque eles estavam lá há muito tempo e tinham estudado em escola japonesa, então língua portuguesa pra eles era um horror, né... pra mim era tranquilo... tinha acabado de chegar do Brasil (Ana – estudou em escola brasileira no Japão).

Em relação ao convívio e à adaptação a um novo ambiente, relata o deslocamento sentido em relação também às experiências anteriores, diversas da realidade dos jovens imigrantes que já estavam no Japão há mais tempo:

Tinha, tinha amigos, mas eram muito mais adultos do que eu... porque... alguns tinham 17 anos e estavam na oitava série, eles tinham que compensar esse período porque tinham feito escola japonesa. Então eu era a mais nova da sala. Eram mais experientes do que eu [...]. As meninas já eram umas meninas que... já tinham namorado... já não eram mais virgens, é... sabe, tinha um outro olhar. Eu tinha um namoradinho aqui que eu dava um selinho e tomava o lanche junto. Então eu cheguei lá e foi um choque pra mim, porque querendo ou não isso te puxa também, né... [E como você se sentia em relação a isso?] Deslocadérrima, né, imagina, eu pensava "nossa, eu sou muito boboca, né, perto das pessoas aqui eu sou uma boba". Mas tudo bem também, cada um no seu tempo, assim, mas era isso, eu era boboca total (Ana – estudou em escola brasileira no Japão).

Nesse sentido de adaptação à realidade de crianças imigrantes vivendo no Japão, parece haver mesmo certo adiantamento no *timing* de vivências, mesmo desde a fase de adolescência. Danilo, que frequentou a mesma escola que Ana, apresentou sua visão refletida no presente sobre a experiência que viveu na infância naquele contexto, acentuando as críticas ao sistema de ensino brasileiro no Japão.

Hoje, parênteses, né, minha análise... aquela escola é uma merda! [...] também tô sendo muito rigoroso na avaliação... estavam ensinando... tinham aprovação do MEC... mas não tinha... porra, o mínimo que você tem que pensar, assim... se vai abrir uma escola brasileira fora do seu país, acho que a maior preocupação que você tem que ter é ter que adaptar à realidade de uma criança que vai ser diferente caso a caso, mas que você pode tirar um... algo em comum ali, que são brasileiros que estão morando em outro país, fazer a adaptação dentro desse país, sem que ele perca suas raízes, porque a maioria vai voltar, né... então... fazer essa transição ser tranquila... e não tinha nada disso, sabe... cê não tinha... a gente não tinha atividade fora da escola, a gente não tinha acesso a... não é cultura, né... cultura é muito vago... mas histórias do Brasil, material audiovisual, excursões... isso eu penso hoje, né, na época eu gostava muito... a gente ia pra escola se vê (os amigos) (Danilo – estudou dos 13 aos 17 anos em escola brasileira no Japão).

Os olhares críticos de Danilo e de Ana *a posteriori* refletem a complexidade e o desafio da formação educacional de crianças imigrantes no Japão. Esse desafio apresenta muitas faces, por um lado as famílias buscam pela educação continuada em língua portuguesa, para que seus filhos possam retornar ao Brasil e ter como seguir seus estudos. Entretanto, não apenas a língua portuguesa é um desafio para crianças que vieram de escolas japonesas, mas também os aspectos socioculturais dos contextos entre Brasil, Japão e a condição de imigrante se tornam desafios para a formação dos jovens.

De outro lado, as escolas brasileiras em que esses jovens estudaram estavam se formando na época em que eles chegaram ao Japão, ainda buscando se consolidar e oferecer uma alternativa em relação à escola japonesa. Danilo conta que, quando entrou na escola na sétima série (atual oitavo ano), eram só cinco alunos: "era muito diferente, aí colocaram eles com a oitava série... Era uma professora pra duas séries na mesma sala. Foi o ano inteiro assim, a escola estava começando". Quando ele entrou na oitava série, já tinha mais alunos; depois de um tempo, a escola cresceu e foi para outro prédio, maior, mas, ainda assim, ele conta, era uma oitava série de dez alunos.

As falas de Ana e de Danilo representam também as maiores dificuldades que eles tiveram ao retornar ao Brasil. Talvez, ao olhar de forma retrospectiva, o momento da reflexão para a entrevista tenha mobilizado aquilo que desejariam ter tido do ponto de vista de formação educacional em contexto migratório.

> Se você me perguntar "o que você aprendeu, o que você lembra?"... Não lembro... Eu acho que, quando eu fui prestar Letras, na verdade, eu tive que... estudar teoria crítica, da literatura, sozinha... a faculdade foi um soco no estômago, assim, nossa... Fiz cursinho, fiz um ano de cursinho...

é... foi difícil (Ana – estudou em escola brasileira dos 13 aos 17 anos no Japão). A escola era legal pelas amizades acima de tudo, a relação com os professores era mais próxima do que no Brasil, porque eram poucos alunos. Os professores eram bacanas e, bem ou mal, estavam na mesma situação... de imigrantes, tinha os mesmos tipos de problema etc. (Danilo – estudou em escola brasileira dos 13 aos 17 anos no Japão).

A preocupação maior de Ana era em relação ao conteúdo curricular e à continuidade dos estudos no Brasil; essa foi, de fato, uma das grandes dificuldades que ela relatou sobre a experiência no Brasil depois do retorno. Danilo ressalta mais a dimensão do conhecimento sociocultural do contexto e da adaptação tanto no Japão quanto no Brasil para um adolescente em formação; seu olhar se volta mais para as relações de amizade e solidariedade por estarem todos ali na mesma condição de imigrantes.

A questão da amizade e a construção de vínculos nesse contexto parece ser uma dimensão que foi vivida em comum entre os jovens que estudaram em escolas brasileiras. Camila, que também estudou só em escola brasileira no Japão, conta que tem amigas da época da escola que são amigas até hoje. Ana, quando retornou ao Brasil, depois de um tempo foi morar com Patrícia, amiga que conheceu no Japão e que considera *"amiga da vida"*, que conhecia há mais de dez anos e com quem sentia esse vínculo forte.

> A gente ficou muito amigo (colegas da escola brasileira no Japão), muito amigo, muito mesmo, era um tipo de amizade, que assim... porque eu fui moleque, né, tinha 12, 13 anos [...] outro dia mesmo recebi um amigo que conheci lá também, que era dessa época aí também, enfim... ele veio aqui e putz, meu, nossa, fiquei emocionado até... e a gente tava conversando disso, a gente tava falando: "pô, tenho um monte de amigos hoje, né, da faculdade... amigo da faculdade é foda, viu, as merdas que você fez... e você viu as dele também, né" (risos)... então tem até essa cumplicidade

aí. Mas é... aqueles de lá foram os que mais laços criaram. Eu acho que é por causa daquela sensação assim, sabe... "meu, tá todo mundo na mesma aqui" (Danilo – estudou em escola brasileira dos 13 aos 17 anos no Japão).

A experiência de Camila, que também só estudou em escola brasileira no Japão, demonstra um olhar diametralmente oposto aos de Danilo e Ana em relação ao ensino, embora tenham estudado na mesma escola por um tempo no Japão. Camila emigrou aos seis anos de idade, antes disso frequentava uma escola de Educação Infantil particular no Brasil. Morava com a família e tias e avós próximos na Zona Leste de São Paulo, onde vivem também atualmente. A mãe de Camila era costureira, e o pai, vendedor; ela conta que a motivação da emigração para o Japão foi um assalto à mão armada que seu pai sofreu durante o trabalho. Depois desse episódio o pai emigra sozinho, e um ano depois ela e a mãe se juntam a ele no Japão, em 1997.

Inicialmente Camila foi matriculada em escola japonesa, mas não chegou a frequentar; conta que os pais ficaram com pena e medo de ela sofrer. Ela também não queria ir para a escola japonesa, então foi estudar em escola brasileira, onde fez da pré-escola até o final do Ensino Médio. A família de Camila foi ao Japão para ficar três anos e ao total ficaram 12. Durante esse tempo ela veio três vezes ao Brasil com a mãe e, num desses retornos, cursou a terceira série do Ensino Fundamental. Assim como Camila, Ana também não foi para a escola japonesa por receio que os pais tinham de que ela sofresse *ijimê (bullying)*. Ana conta que a mãe era muito preocupada com a possibilidade de os filhos sofrerem na escola. Já a família de Danilo não cogitou a escola japonesa porque eles voltariam para o Brasil e não valeria a pena perder esse tempo de estudo no Japão.

Camila considera que o ensino que teve na escola brasileira no Japão foi muito bom; o que ela tinha como parâmetro anterior era a terceira série do Ensino Fundamental que fizera no Brasil, mas chegou a essa conclusão após o retorno. Quando voltou e comparou o que aprendeu com o que os jovens que conheceu aqui tinham aprendido, considerou que o ensino da escola brasileira no Japão era ótimo. Há uma diferenciação de percepção e experiência relacionadas não só à migração nesse sentido, mas também à pertença de classe social e a experiências individuais em trajetórias de vida anteriores e posteriores à migração.

No período de realização das entrevistas, esses jovens tinham formação de nível superior no Brasil e estavam inseridos no mercado de trabalho com qualificação profissional. Apenas Camila ainda estava cursando uma faculdade particular na área de Relações Públicas, mas já trabalhava havia cinco anos na mesma empresa, três deles como secretária executiva. Danilo, ao retornar, fez curso pré-vestibular, iniciou uma faculdade de Jornalismo, à qual não se adaptou, iniciou Ciências Sociais em uma faculdade pública de São Paulo e trabalhava como gerente operacional na área de turismo. Ana, depois de retornar, fez um ano de curso preparatório pré-vestibular, formou-se em Letras em uma universidade pública de São Paulo e trabalhava como professora em uma faculdade particular. Embora todos estivessem de certa forma bem formados e empregados no Brasil, chegar a esse ponto custou passagens por transições entre os dois países e uma difícil adaptação ao retornar ao Brasil nessa fase da vida.

Escolas brasileiras e japonesas

Os outros jovens que também estudaram em escolas brasileiras no Japão tiveram experiências mistas entre o início da trajetória escolar em escola japonesa e depois a mudança para a escola brasileira. Bernardo e Bianca, que emigraram ainda bebês, com um ano de idade e quatro meses respectivamente, tiveram experiência no sistema de Educação Infantil japonês. Bernardo aos cinco anos já entrou na escola brasileira recém-inaugurada em sua cidade. Bianca seguiu na escola japonesa até os oito anos de idade e depois teve experiências nos dois sistemas de ensino no Japão. Patrícia estudou no Japão dos 10 aos 16 anos de idade e ficou os primeiros três anos em escola japonesa e os últimos quatro em escolas brasileiras.

Esses jovens que tiveram a trajetória educacional mista entre escolas japonesas e brasileiras apresentaram experiências muito singulares entre si, também porque as idades em que cada um mudou de escola foram bastante diferentes em cada caso. Bernardo conta que não teve dificuldade da passagem da creche japonesa para a escola brasileira com cinco anos, pois sabia falar português e tinha amiguinhos da mesma idade que entraram na escola com ele.

Patrícia relata que teve bastante dificuldade na escola japonesa, e, depois de três anos tentando se adaptar, sem sucesso, seus pais perceberam que ela não estava bem em relação a isso e a transferiram para a escola brasileira. Na escola japonesa, ela estudava com outras crianças brasileiras e comenta que não aprendia a língua japonesa também porque nos intervalos da escola e em casa só conversava em língua portuguesa.

Além disso, ela relatou que sofria bastante *ijimê* na escola. Fez vôlei uma época e saiu por conta de *ijimê*; em sua leitura considera que isso acontecia porque ela sempre foi insistente em continuar "sendo brasileira", então a xingavam, no vôlei cortavam forte para machucá-la. Conta que também havia na escola alguns brasileiros que ficavam do lado dos japoneses e os ensinavam a xingar em língua portuguesa. Patrícia considera que tinha dificuldades em relação ao idioma japonês e acha que isso tenha vindo da família. Ela contou essa história com detalhes. Seu pai também não falava japonês, uma vez que seu avô, que era japonês e veio do Japão, também não falava mais a língua materna aqui no Brasil. Ela foi uma das entrevistadas que começou a contar sobre sua vida a partir da história dos avós japoneses.

Vou começar com a história do meu avô (risos)... ele veio pra cá em 1938, emprestado pelo tio dele, pra... não sei que que tava na época no Japão, na década de 30, que só podiam sair crianças e adolescentes menores de 13 anos, aí parece que ele foi emprestado por um tio dele, pra vir trabalhar aqui, e o tio prometeu pro irmão... pro pai, né, que devolveria ele depois de 2 anos. [Ele veio com o tio?] Veio com o tio, aí, só que chegou aqui... segundo meu pai... o meu vô meio que foi escravizado por eles. [Pelo tio?] É! Ele não deixou ele voltar pro Japão... pegava todo o dinheiro dele, ele foi crescendo revoltado com a colônia, com a comunidade japonesa (Patrícia).

Por conta desse início de vida traumático do avô japonês no Brasil, ainda adolescente, ele não falava o idioma por bloqueio, então o pai também não falava japonês, e ela, mesmo tendo morado no Japão e estudado em escola japonesa, não conseguiu aprender o suficiente para acompanhar o ensino. Depois que o avô conseguiu certa independência no Brasil, juntou-se com outros japoneses em uma zona rural perto da cidade de São Paulo e passou a viver por lá, entre outros amigos japoneses. Eles eram uma "colônia japonesa de japoneses que não falavam japonês", em suas palavras.

Então, a trajetória educacional de Patrícia continuou no Japão, depois de ter saído da escola japonesa e com uma fácil adaptação na escola brasileira. Ao mudar de escola, teve que fazer um exame para saber em que série entraria e voltou para a sexta série aos 13 anos. Considera que esteve sempre um ano atrasada nos estudos de acordo com a idade. Esse atraso se manteve mesmo depois que voltou ao Brasil com 16 anos e finalizou o Ensino Médio por meio de supletivo.

A trajetória de Bianca apresenta uma história bem diferente em relação à linguagem e a adaptações entre os dois países; por ter chegado ainda bebê no Japão e frequentado creches japonesas, ela não sabia falar português quando entrou na escola japonesa. Embora os pais conversassem em português com ela em casa, ela não tinha domínio do idioma, pois só se comunicava em japonês no sistema educacional desde o nível infantil. Quando fez oito anos de idade, a família veio ao Brasil para passear, e os pais decidiram que seria melhor ela ficar no Brasil estudando para aprender a língua portuguesa. Eles retornaram ao Japão, e Bianca ficou com avós no Brasil, onde estudou dos 8 aos 11 anos de idade. Comenta que foi muito difícil essa fase da vida, que na escola brasileira sofria *bullying* porque não sabia falar português. Ela repetiu de ano várias vezes, diz que foi uma experiência "péssima", mas que por causa disso aprendeu a língua portuguesa e conclui que "foi bem difícil essa época de adaptação, viu!".

Quando Bianca retorna ao Japão para reencontrar os pais, aos 11 anos de idade, entra novamente na escola japonesa. Sua mãe percebeu que ela estava só falando japonês de novo e a colocou para frequentar a escola brasileira no Japão. Lá ela fez um exame e uma aceleração e cursou a quinta e a sexta séries em um ano. A adaptação na escola brasileira do Japão foi mais tranquila, pois ela já sabia falar a língua portuguesa. Nessa fase da vida, conta, apaixonou-se pelo Brasil a partir das vivências que teve com os amigos dessa escola; fazia capoeira, tinha aulas de dança, e diz que começou a aprender as "malandragens brasileiras".

Estudou até a sexta série no Japão, voltou para o Brasil com 14 anos e depois disso não voltou mais para o país asiático. Chegando ao Brasil fez a sexta série de novo, sempre teve muita dificuldade nos estudos e era sempre a mais velha da turma. Considera que, diferentemente dos estudos, era mais tranquila no convívio, já era "brasileirinha na veia", comenta. Hoje diz que não tem vontade de morar no Japão nunca mais. Gostaria de passear lá, mas diz que o lado brasileiro "ganha" na questão de alegria e afeto.

Bernardo também teve uma experiência entre escolas brasileiras e japonesas, embora tenha frequentado apenas o Ensino Infantil na escola japonesa. Estudou dos 5 até os 15 anos na mesma escola brasileira no Japão e com 15 resolveu vir com o irmão para o Brasil para conhecer o país. Nesse período decidiu ficar no Brasil com o irmão mais velho e terminar o Ensino Médio aqui. Assim, cursou o primeiro ano no Japão e os dois últimos no Brasil, enquanto morava com a avó, o tio e o irmão.

Enquanto esteve no Brasil estudou em escola particular e relata que teve dificuldades no começo, achou mais "puxado" do que a escola brasileira que frequentava no Japão, mas conseguiu acompanhar. Ao terminar o Ensino Médio, fez o vestibular para entrar na USP, mas diz que foi só para ver como era, porque já pretendia voltar para o Japão. Voltou sozinho para o Japão com 17 anos, reencontrou a família e começou a trabalhar, mas em pouco tempo fez um teste para jogar futebol e passou novamente a viver separado da família, no Japão, agora com o time de futebol. Jogou por cerca de quatro anos, e nesse meio tempo a família voltou para o Brasil. Bernardo saiu do futebol, começou a trabalhar em fábrica e depois de um ano e meio voltou ao Brasil para reencontrar a família.

Esses jovens também estavam formados ou em formação de nível superior no Brasil no período das entrevistas. Bernardo retornou ao Brasil com 23 anos de idade e começou a trabalhar no comércio da família, estava cursando uma faculdade particular na área de Educação Física. Bianca, que retornou com 14 anos de idade, terminou o Ensino Médio em um colégio particular no Brasil e em seguida entrou em uma faculdade particular em Administração de Empresas, estava trabalhando há três anos em uma rede de banco japonês. Patrícia retornou com 16 anos, terminou os estudos por supletivo ao completar 18 anos e cursou História em uma universidade federal; trabalhava como técnica em Arqueologia no período das entrevistas. Essas transições entre Japão e Brasil, escola e trabalho também foram bastante turbulentas e difíceis, segundo a percepção dos próprios jovens.

Antes de entrar nas trajetórias educacionais dos jovens que estudaram em escolas japonesas, vale ressaltar um dado que também surgiu durante a pesquisa de campo e que não era esperado quando iniciamos as entrevistas. Imaginamos trajetórias escolares de crianças e jovens no Japão entre o sistema de ensino japonês e o brasileiro, mas não imaginávamos que a experiência de terem vindo estudar também no Brasil fosse tão comum. Assim, para além das experiências diversas no Japão entre os sistemas de ensino existentes lá, houve vivências variadas durante a trajetória migratória desses jovens entre os sistemas de ensino no Brasil, em escolas públicas e privadas, em diferentes fases da vida.

Essa extensão espacial da trajetória educacional entre Japão e Brasil também implicou para os jovens novas separações familiares e convívios com parentes próximos, como avós e tios. As redes familiares de solidariedade seguiram operando mesmo entre os dois países tão distantes, nos cuidados das crianças e assegurando o acesso à educação, valor maior na cultura japonesa. Também parece haver aqui um tipo de configuração familiar específica em processos migratórios, uma família estendida transnacionalmente. Antes da emigração o projeto era reunir a família, reencontrar o pai que na maior parte dos casos emigrava primeiro; essa reunião se efetiva por algum tempo, mas logo há novas separações entre pais e filhos, ainda durante o projeto migratório familiar comum.

Mesmo Ana e Patrícia, que não voltaram ao Brasil durante o período em que estiveram vivendo no Japão, ao retornarem sem as famílias para seguirem os estudos em nível superior no Brasil, passaram a viver por um tempo com seus avós e tios, respectivamente. Bernardo, além de ter vivido com avós e tio durante o Ensino Médio no Brasil, quando deixou o time de futebol no Japão ficou morando com uma tia, uma vez que seus pais já tinham retornado ao Brasil. Bianca também viveu com avós enquanto estudou no Brasil dos 8 aos 11 anos de idade.

Entre os jovens que estudaram em escola japonesa, essa experiência também foi encontrada. Marcia retornou com os pais para o Brasil aos 16 anos e, quando não se adaptou ao sistema de ensino brasileiro e nem ao país, voltou para o Japão e passou a viver com uma prima mais velha, até terminar o Ensino Médio no Japão. Giulio teve uma temporada no Brasil em que pensou em prestar vestibular, enquanto morava com uma tia, mas não chegou a prestar e voltou para o Japão.

Escolas japonesas

A experiência compartilhada entre os jovens que estudaram em escolas japonesas passa por um forte estranhamento inicial. O que parte não apenas dos jovens em relação ao novo universo escolar, mas também dos próprios japoneses; ambos os casos envolvendo crianças e adolescentes que deparavam com o diferente. Os relatos em relação à experiência na escola japonesa passaram por essas lembranças do choque do encontro entre crianças brasileiras e japonesas pela primeira vez.

Rose e Marcia, que emigraram em 1991, bem no início do fluxo migratório de brasileiros no Japão, contam que foram as primeiras brasileiras a chegar às suas respectivas escolas. Rose, que emigrou aos oito anos de idade com os irmãos, indo reencontrar os pais que já estavam no Japão, relata que eles foram os primeiros brasileiros a chegar à cidade. Relembra dessa sensação de que "pareciam ET", pois iam pessoas de outras salas para vê-los quando entraram na escola. Ficava um pouco incomodada com todo mundo olhando e falando sobre eles, ao passo que ela não entendia nada; diz que achava meio "assustador".

Mesmo Anderson e Giulio, que também estudaram em escolas japonesas e chegaram ao Japão em 1997 e 1998 respectivamente, alguns anos depois de Rose e Marcia, sentiram o mesmo tipo de estranhamento. Todos que estudaram em escolas japonesas trouxeram à tona essas memórias do período inicial da escola com riqueza de detalhes, inclusive dos primeiros dias, que parecem ter sido memórias marcantes. Anderson relembra o primeiro dia de aula, quando foi com seu pai até a sala do diretor, que era até onde o pai poderia acompanhar; de lá, Anderson seguiu sozinho para sua sala de aula, sem saber falar nada em japonês, com 13 anos de idade. Quando chegou à porta da sala e parou, ele relata: "Aí aquela cena, congela todo mundo assim, né, aí cê vê alguns parado olhando pra sua cara com cara de assustado, aí outros cochichando dando risada, e outros tentando falar com você, se comunicar em inglês, e aquele desastre, né" (Anderson – estudou em escola japonesa dos 12 aos 16 anos de idade).

Diferentemente do vínculo forte de amizade que se formava nas escolas brasileiras entre filhos de imigrantes, nas escolas japonesas essa relação era um pouco mais difícil. Anderson conta que teve a sorte de ter mais uma brasileira em sua sala, mas ela estava no Japão desde pequena e, segundo ele, era "totalmente *nihonjin* (japonesa), ela era japonesa, mas falava português", então o ajudou bastante no começo, em sua adaptação na escola. Ele se sentou com ela em dupla, que era como as crianças ficavam organizadas nas salas de aula, durante todo o primeiro ano do *chuugaku* (Ensino Fundamental).

Na mesma escola em que Anderson estudava, tinha cerca de mais dez crianças e adolescentes brasileiros que estavam na mesma situação que ele, recém-chegados do Brasil. Também tinham alguns outros que já estavam no Japão há mais tempo e não andavam mais com os brasileiros. Anderson considera que a adaptação no começo foi bem ruim por seis meses, até quase um ano, quando aprendeu a falar japonês e então fez amizades com os japoneses e passou a andar só com eles. Tinha amizades com brasileiros também, mas havia épocas em que andava só com japoneses ou só com brasileiros.

Giulio, que também emigrou em idade próxima e entrou na escola japonesa com 14 anos, sentiu bastante dificuldades no começo. Tanto Anderson quanto Giulio já tinham a resistência anterior, pois não queriam ter ido para o Japão; relatam que foi bem difícil ao chegar e encontrar esses tipos de dificuldades na escola.

Nos primeiros três, quatro meses foi difícil, passei por uns bons momentos ruins na escola. [Tinham mais brasileiros?] Tinha dois, mas não queriam papo com a gente não, eram filhos de brasileiros que já estavam lá há muito tempo. Não gostavam do fato de serem brasileiros, serem diferentes, mas eles queriam ser japoneses, só japoneses, sem se misturar com brasileiros. Eu lembro que a gente se sentou numa salinha, e os professores apresentaram, e eles disseram que eles eram assim, que já estavam lá há muito tempo, e um olhou pro outro, baixou a cabeça, e aí pensei "esses aí, não tem conversa não" [...] lembro que a gente ficou na escola sem amparo (Giulio – estudou em escola japonesa dos 14 aos 19 anos de idade).

Nas escolas japonesas o sistema rígido hierárquico e de pertencimento deixava o lugar do diferente bem marcado, ele era de fora, portanto, estava excluído. Assim, as crianças e os adolescentes brasileiros só se integravam ao sistema escolar japonês quando aprendiam a língua e com ela os códigos sociais daquele lugar. Nesse momento passavam a fazer amizades, e aqueles que já estavam há muito tempo no Japão passavam a reivindicar para si esse lugar de tão difícil conquista, rejeitando o passado brasileiro. A fala de Giulio reproduzida a seguir apresenta o peso que tem o termo *gaijin* para os japoneses e descendentes de japoneses ainda hoje e também a dificuldade de aceitação desse estrangeiro por parte dos japoneses. O Japão, um país que se manteve por muito tempo fechado, mesmo em tempos de globalização, parece manter os aspectos culturais bem demarcados em relação aos de dentro (*uchi*), que são próximos e confiáveis, e os de fora (*soto*), os estranhos.

Com o tempo melhorou bastante, dava mais vontade de ir pra escola quando fiz alguns amigos, poucos amigos, tinha três ou quatro amigos só, de uma escola que tinha trezentos. Mas eram japoneses que olhavam pra mim como gente, não como estrangeiro nem *gaijin* nada. [...] os outros... alguns meio que discriminavam, alguns meio que... não era bem discriminação, não era isso, eles me olhavam como se fosse alguma coisa estranha, alguma coisa nova assim, sabe, tipo... vendo diferente, olhavam pra mim assustados, não assim com desdém (Giulio).

Essa diferenciação era o motivo principal para a prática do *ijimê* – que não era sofrido apenas pelos estrangeiros, os próprios japoneses, dentro de seus sistemas de hierarquia das séries e idades, também praticavam atos de *ijimê* contra aqueles considerados "mais fracos", os mais velhos também praticavam contra os mais novos, e os estrangeiros sofriam pelo fato de serem de fora. Rose conta que sofreu no começo, mas que ela "não deixava quieto" e "ia para cima dos japoneses também", relata que chegou a agredir alguns meninos da escola que a importunavam pelo fato de ela ser brasileira: "falavam, 'volta pro seu país, o que você tá fazendo aqui?'".

A experiência de Marcia na escola japonesa parece ter sido um pouco mais leve do que as demais relatadas pelos jovens entrevistados, sua escola se mobilizou para ajudar os dois únicos estrangeiros naquele momento, ela e o primo. Nos primeiros três meses de adaptação, o vice-diretor da escola oferecia aulas particulares de língua japonesa para eles em uma sala separada na escola. Ela relata que também fez amigos rapidamente na escola (vale lembrar que Marcia chegou ao Japão mais nova, com nove anos de idade, o que pode ter facilitado essa interação entre as crianças japonesas e brasileiras).

De um modo positivo, ela relata que eles eram "atração do bairro" justamente por serem diferentes, e todos os dias as crianças os chamavam para brincar. Ainda assim demorou cerca de um ano para se integrar totalmente na escola, mas, depois de ter aprendido a língua japonesa, não teve mais dificuldades nas disciplinas. Marcia estudou até o final do Ensino Médio no Japão, com exceção do primeiro ano, que estudou no Brasil, quando voltou com seus pais, aos 16 anos.

Além da dificuldade de adaptação ao ambiente, das relações com outros alunos e do sistema escolar japonês, também o aprendizado do japonês e o currículo escolar foram experiências compartilhadas.

Nos estudos sim (teve dificuldades), porque pra começar a gente já chegou lá entrando na segunda série, e lá as crianças começam a ser alfabetizadas no pré, na primeira já começam os *kanjis* (ideogramas japoneses), na segunda já estávamos bem atrasados. Então nunca conseguíamos chegar no nível deles. Até hoje tô penando aqui (Rose – estudou em escola japonesa dos 8 aos 17 anos de idade).

Para Rose e Marcia, que entraram na escola japonesa ainda nos primeiros anos do Ensino Fundamental, foi possível acompanhar o conteúdo curricular depois de um tempo. Já Anderson e Giulio, que chegaram em idades mais avançadas e encontraram conteúdos curriculares mais complexos, o aprendizado inicial se deu em relação mais ao japonês propriamente do que às matérias cursadas. Giulio, que terminou o Ensino Médio no Japão, conseguiu se apropriar mais dos conteúdos curriculares; Anderson, que, depois de terminar o ginásio, saiu da escola e foi trabalhar em fábricas brasileiras, considera que só aprendeu mesmo o idioma na escola.

Dos jovens entrevistados para essa pesquisa, Rose era a única que não tinha cursado ou não estava fazendo o Ensino Superior no Brasil. Ela terminou o Ensino Médio na escola japonesa e já ingressou no mercado de trabalho nas fábricas japonesas com outros brasileiros. Seu objetivo era ganhar dinheiro, pois pretendia fazer um intercâmbio para os Estados Unidos ou o Canadá, não pensava em retornar ao Brasil, pois morava há 11 anos no Japão, e sua família estava toda lá. Seu retorno foi motivado pela esfera dos relacionamentos e da família, mais do que trabalho e estudos, como foi o mais comum entre os outros jovens entrevistados. Na última fábrica em que trabalhou no Japão, conheceu o atual marido, com quem começou a namorar e, em pouco tempo, com planos para terem filhos, ela logo engravidou. Nessa época retornou ao Brasil para ter o primeiro filho e viver com o marido, que tinha planos de viver no país. Casaram-se e, na época da entrevista, estavam juntos há 11 anos com mais uma filha. No período das entrevistas para esta pesquisa, Rose trabalhava na assessoria cultural do Consulado Geral do Japão em São Paulo, na recepção da biblioteca pública japonesa, e também executava trabalhos administrativos, utilizando o conhecimento da língua japonesa adquirido no Japão.

Marcia retornou ao Brasil com 19 anos, depois de ter finalizado o Ensino Médio em escola japonesa, teve uma adaptação muito difícil no Brasil e foi para a Espanha com uma prima, onde morou por um ano, quando voltou cursou Ciências Sociais com 22 anos em uma universidade pública do Paraná e, no período da pesquisa, fazia mestrado em Sociologia em uma universidade pública de São Paulo. Anderson retornou ao Brasil aos 18 anos e terminou o Ensino Médio por meio de supletivo aos 20 anos. Ele cursou Arquitetura em uma faculdade particular, trabalhava enquanto estudava para poder pagar o curso e se formou em sete anos; considera que teve muita dificuldade nos estudos por conta de ter estudado no Japão durante sua formação. No período das entrevistas, Anderson trabalhava em um escritório de Arquitetura.

Giulio, que também terminou o Ensino Médio no Japão, trabalhou em fábricas depois de sair da escola e retornou ao Brasil com 20 anos de idade, comenta que nessa época tentou fazer curso pré-vestibular para ver como seria entrar em uma faculdade no Brasil. "Mas vi que não ia dar muito certo, porque o que eu tinha que ter estudado de Física e Química eu não estudei no Japão, percebi que não ia ter base pra fazer vestibular naquela época, acabei desistindo e voltei pro Japão" (Giulio).

A dificuldade de continuidade nos estudos estimulou mais uma etapa migratória. Nesse período voltou a trabalhar em fábricas japonesas em trabalhos não qualificados. Sobre essa situação, comenta: "Fui pro fluxo de brasileiros mais porque não tinha um objetivo traçado na vida. Tipo vou fazer isso enquanto não sei o que quero fazer da vida" (Giulio).

Do Japão Giulio viajou para a Europa e viveu lá por quatro meses por conta de um relacionamento afetivo, depois retornou ao Japão e posteriormente ao Brasil com 26 anos de idade. No período das entrevistas, estava cursando a graduação em Ciências Sociais em uma universidade pública de São Paulo e trabalhando em estágio. Tinha tido uma experiência de trabalho no Brasil logo que retornou, em uma empresa que o contratou para consultoria também por conta de ter o domínio do idioma japonês.

4.3 Sobreposições de escola e trabalho entre Japão e Brasil

Apresentamos as trajetórias educacionais dos jovens migrantes a partir do tipo de escola em que estudaram entre Japão e Brasil. As experiências dos jovens se mostraram bastante fragmentadas do ponto de vista de formação curricular e continuidade dos estudos, no Japão ou no Brasil. Para os jovens que estudaram a vida toda em escolas japonesas (Giulio, Marcia, Anderson e Rose), quando questionados por que não tentaram o Ensino Superior no Japão, as respostas variaram desde a condição financeira: "faculdade lá não... sem condições, ninguém tem dinheiro pra pagar faculdade lá" (Giulio), até uma indefinição pessoal até o momento da entrevista:

> Não, não sei, tem coisas que não sei, nem tentei... quando todo mundo começou a pensar no vestibular, pesquisar, não sei, alguma coisa dentro de mim, apesar de eu ter adorado o Japão, não sei, falou que era hora de voltar, mesmo eu tendo sofrido muito quando voltei (para o Brasil) (Marcia – estudou em escola japonesa).

Quando Marcia terminou o Ensino Médio no Japão, estava vivendo com uma prima, seus pais já estavam no Brasil. No decorrer da entrevista, comenta que, se os pais estivessem no Japão, talvez ela tivesse tentado fazer faculdade lá. Anderson tinha em mente voltar para o Brasil assim que fizesse 18 anos de idade; como emigrou contrariado, já tinha esse objetivo desde o início de seu processo migratório. Rose, ao terminar o Ensino Médio japonês, foi trabalhar para tentar viajar para outros países; o encontro com o atual marido mudou radicalmente seus planos, podendo ser considerado um *turning point* em sua vida. Desse encontro ela retornou ao Brasil, teve o primeiro filho, casou-se e saiu da casa dos pais em um único momento. Vários eventos da transição para a vida adulta foram vividos de forma concentrada por ela.

Para os jovens que estudaram em escolas brasileiras, a continuidade dos estudos no Japão era vista como algo quase impossível, embora alguns deles tivessem aprendido a língua japonesa durante sua estada no país. Sabiam que o mínimo exigido para entrar em uma universidade japonesa estava muito além de suas formações. Suas possibilidades de seguir estudando estavam em retornar ao Brasil e tentar se adaptar aqui.

> [Pensou em fazer faculdade no Japão?] Eu não pensei não, falei "já não falo japonês... como é que eu vou concorrer... com um nativo? Pra entrar no vestibular... com que conhecimento? Eu não tenho embasamento teórico algum assim, como é que eu ia prestar vestibular lá assim?". Eu só tinha uma opção: voltar ao Brasil e correr atrás do prejuízo, ponto (Ana – estudou apenas em escola brasileira no Japão).

O Ensino Superior em língua portuguesa estava começando a ser oferecido no Japão quando Camila decidiu retornar ao Brasil, ela comenta que não pensou em fazer faculdade lá porque essas instituições de Ensino Superior só começaram a ter reconhecimento do MEC no ano em que ela voltou, em 2008. Eram faculdades com poucos cursos, presenciais e a distância, implementados pelos mesmos administradores da escola brasileira de Ensino Fundamental e Médio em que ela estudou.

A falta de perspectiva futura do ponto de vista de formação educacional no Japão, aliada às rotinas cansativas de trabalho, foi motivação forte para que os jovens retornassem ao Brasil ao final da adolescência. Uma forte valorização dos estudos e uma rejeição aos trabalhos de fábrica na condição de *dekasseguis* foram pontos comuns entre todos os jovens entrevistados. Essa rejeição não partia apenas da consciência da falta de perspectiva de crescimento pessoal e profissional nesse tipo de trabalho. A maior parte dos jovens, ainda em idades bem jovens, a partir dos 14 anos, começou a ter experiências de trabalho no Japão. Já sabiam das rotinas intensas de trabalho vividas por seus pais, mas também viveram na pele trabalhos pesados, com rotinas extenuantes e às vezes sujas e cansativas.

De todos os entrevistados, apenas Ana e Bianca não trabalharam enquanto ainda viviam no Japão. Todos os outros jovens tiveram experiências de trabalho desde muito cedo, enquanto ainda frequentavam a escola no país asiático. Bianca não trabalhou no Japão porque voltou com 14 anos, a mais jovem a voltar, mas aqui retomou os estudos e começou a trabalhar com 16 anos no esquema de jovem aprendiz. Ana, ao terminar os estudos no Japão e na indeterminação sobre o futuro, teve uma experiência diferente dos outros jovens; seu pai, que buscou sempre manter um padrão de conforto para a família, ofereceu a ela que fosse viajar para decidir o que gostaria de fazer no futuro.

> Daí eu não sabia o que fazer (risos)... aquela velha coisa, né... o que eu faço da minha vida? Porque... o Japão, ele te abre as portas pra algumas coisas, mas ele te limita também, né, você não consegue ir além daquilo, então eu precisava voltar pra cá e estudar, mas eu não sabia o que eu ia fazer, então meu pai me disse: "então vai viajar, vai conhecer o mundo, quem sabe você não... conhecendo várias pessoas, conhece histórias diferentes...

e se interessa por alguma coisa"... Então eu passei seis meses viajando, e eu cheguei aqui em julho (Ana).

Os pais de Ana, que trabalhavam em fábrica, bancaram financeiramente a viagem para Hong Kong, Taipei, Nova Zelândia, onde ela foi para passear, e para a Austrália, onde fez intercâmbio e foi estudar inglês. Ana teve o primeiro trabalho aos 18 anos no Brasil, época em que voltou, morava com os avós e estudava em curso pré--vestibular para entrar em alguma faculdade pública.

O retorno ao Brasil para a maior parte dos jovens coincidiu com a saída da casa dos pais, num processo de separação familiar que, do ponto de vista da transição para a vida adulta, é um dos eventos mais significativos para a percepção das próprias responsabilidades. A saída da casa dos pais, o primeiro trabalho e o retorno ao Brasil também foram eventos que aconteceram de forma concentrada para Ana, marcando o retorno migratório como um *turning point* em sua vida. "Sair de casa é *daqui pra frente*: daqui pra frente vou me bancar, daqui pra frente vou fazer minhas coisas, levar a vida do meu jeito. Então eu cheguei aqui eu fazia cursinho, mas fui trabalhar, arranjei uns bicos de garçonete, enfim..." (Ana).

Entretanto, entre os jovens migrantes, essa saída da casa dos pais apresenta duas características específicas. Eles saem da casa dos pais e vão morar do outro lado do mundo, situação em que não se pode realmente contar com a presença dos pais em alguma situação de necessidade, é uma saída radical. Por outro lado, essa saída nem sempre é um projeto de emancipação em que o jovem passa a se sustentar sozinho, construindo sua própria vida e se tornando mais independente da família.

A maioria dos jovens que retornaram sem os pais veio morar pelo menos no período inicial com parentes, avós ou tios. Além disso, os pais seguiram ajudando financeiramente os filhos no Brasil, custeando a continuidade dos estudos e a manutenção de suas vidas aqui, ainda que os jovens também trabalhassem para cobrir parte desses custos.

> Não vejo meu pai desde 2007, [...] agora com Facebook, essas coisas, parece que eles moram tipo no interior e eu tô aqui e eu não consigo ir pra casa deles porque não tenho tempo, parece isso. Mas os primeiros anos sem toda essa tecnologia foi... arrastando assim, tinha hora que eu chorava sozinha... "ai meu Deus... meus pais, se eles *tivessem* aqui eu não estaria passando por isso" (imita voz de choro, depois ri) (Patrícia).

O início das trajetórias laborais entre todos os migrantes passou por três tipos de inserção no mercado de trabalho, porém na juventude e enquanto ainda estudavam. Um primeiro tipo de inserção no mercado de trabalho foi a partir de *arubaito* no Japão. *Arubaito* é um tipo de trabalho realizado em período parcial, sem contrato de horários fixos e que podem ser realizados como "bicos", como chamamos no Brasil. Principalmente os jovens que estudaram em escolas japonesas iniciaram sua trajetória laboral realizando *arubaito* em lojas ou mercados japoneses. Alguns eram apenas de finais de semana, outros em contraturno da escola.

> Fiquei dois anos cadastrada numa empresa terceirizada que só trabalhava de sábado e domingo, então era bem fácil de ganhar dinheiro. Eu ligava até quinta-feira, e perguntava se tinha trabalho pra sábado e domingo. Então eu era aquelas meninas que iam no mercado oferecer amostra, tipo de chocolates que estão lançando, essas coisas (Marcia – estudou em escola japonesa até o final do Ensino Médio, começou a trabalhar com 17 anos no Japão).

Outro tipo de inserção laboral no Japão foi a partir das fábricas, nicho onde mais se concentravam brasileiros e onde a língua japonesa não era pré-requisito essencial. Esse tipo de inserção foi mais comum entre os jovens que estudaram em escolas brasileiras.

Danilo, Giulio, Anderson, Patrícia e Bernardo tiveram experiência de trabalho em fábricas japonesas com outros brasileiros. Todos relatam a dificuldade da rotina, o cansaço do tipo de trabalho e a alta cobrança de comprometimento e responsabilidade no mundo do trabalho no Japão.

> Eu fazia... *notebooks*... fazia *notebooks*! (pfff, risos), quem me dera, fazia *notebooks*... apertava os parafusos, cara, da bateria do vídeo, do coiso do coiso, né... (risos). E foi quando eu tive contato com os brasileiros *hardwork*, os caras que... os *dekassegui* fudido mesmo, sabe. E os caras me zoavam, né, me zoavam na boa, né, eu dava risada: "o menino virgem que nunca trabalhou", e eu obedecia todo mundo, cara... [...] então, eu sou meio assim, cara... até hoje, até hoje eu sou assim, se me comprometi eu vou. Eu via que o cara do meu lado falava assim "eu não posso fazer" (hora extra) e eu pensava assim "amigo, tem que entregar duzentos e cinquenta milhões de *laptop*, velho!". [Você ficava preocupado com a fábrica?] Não sei se eu ficava preocupado com a fábrica, mas, assim, o cara chegou e falou assim "você está trabalhando, você tem que fazer duzentos e cin...", sabe? Qualquer coisa... bom, então tenho que fazer! Sabe? Eu não era... eu era ingênuo, sabe? Isso é muito coisa de japonês, comecei a descobrir que eu era muito japa quando comecei a trabalhar aqui no Brasil (Danilo – estudou em escola brasileira e começou a trabalhar em fábrica aos 17 anos no Japão).

O terceiro tipo de trabalho realizado nesse movimento entre escola e trabalho e Brasil e Japão foi em trabalhos informais ou estágios no Brasil. Muitos jovens, ao retornarem, trabalharam em lojas, *shoppings*, cafeterias, restaurantes, estágios da faculdade enquanto ainda estudavam, no curso pré-vestibular ou já nos primeiros anos da faculdade no Brasil. Como primeiro trabalho, quem teve essa experiência foi Ana, que trabalhava em um restaurante, e Bianca, que trabalhou como jovem aprendiz no fórum de sua cidade.

[Como foi a experiência do primeiro trabalho?] De garçonete, né, então, era um restaurante que eu amava, vegetariano, eu fui vegetariana até os 18 anos desde criança. [...] eu era cliente nesse restaurante e pedi emprego, os patrões me amavam, sabe aquela coisa... de primeiro emprego... eu super novata assim, e aí tinha uma coisa que eu aprendi no Japão de ser muito polida, muito formal, então os clientes gostavam disso [...] então eu comecei a ganhar gorjeta, e pensava, "nossa, ganho pouco, mas o que eu ganho de gorjeta tá ótimo" (Ana – estudou em escola japonesa, teve o primeiro trabalho aos 18 anos no Brasil)

Do ponto de vista da transição para a vida adulta, essas experiências de saírem da casa dos pais, de viverem no Brasil "sozinhos" e começarem a trabalhar representam eventos que marcam o processo de início da transição. Entretanto, esses eventos são vividos de uma forma peculiar pelo próprio contexto migratório transnacional. Os jovens não saíram de casa necessariamente porque atingiram sua independência financeira, essa saída está de certa forma vinculada a um projeto familiar de garantir a finalização dos estudos dos filhos até o nível superior de ensino. Ainda que o desejo de fazer uma faculdade ou continuar os estudos no Brasil tenha partido muitas vezes dos próprios jovens, o projeto foi apoiado pelos pais, que seguiram sustentando financeiramente os filhos no Brasil por vários anos após essa saída de casa.

Os eventos das trajetórias educacionais e laborais se mostraram bastante imbricados com as idas e vindas entre Brasil e Japão. Essas trajetórias do início da vida adulta apresentaram forte despadronização dos eventos e uma alta reversibilidade entre entradas e saídas dos sistemas educacionais e mercados de trabalho, japonês e brasileiro.

Foi nessa fase também que os adolescentes iniciaram suas vidas afetivas e amorosas entre Brasil e Japão. Mas, diante de um cenário sem perspectiva de futuro certo, sem chão e nas idades em que essas experiências ocorreram enquanto ainda estavam no Japão, os jovens relataram que tiveram apenas casos que não levaram a sério como compromissos. Apenas Rose se comprometeu afetivamente e acabou atravessando esse retorno e os eventos da transição para a vida adulta concentrada a partir da esfera familiar. Giulio também teve uma experiência afetiva que considerou séria e foi na verdade sua primeira entrada em união, quando namorou uma pessoa que vivia na Europa, mudou-se para lá e viveu com ela por quatro meses. A relação se sustentou à distância por um tempo, depois se separaram, e Giulio retornou ao Japão e depois ao Brasil.

Embora a trajetória educacional tenha se apresentado como um período bastante difícil nas vidas jovens, a trajetória laboral, ao contrário, mostrou-se com certa facilidade no sentido de conseguir se inserir no mercado de trabalho, tanto no Japão quanto no Brasil. A formação bilíngue da maioria dos jovens, mesmo aqueles que estudaram em escolas brasileiras e dominavam o idioma japonês, e a experiência de terem vivido em outro país foram pontos que facilitaram a inserção dos jovens no mercado de trabalho.

Na esfera familiar e afetiva, as relações com a família de origem foram bastante marcadas por separações, reencontros e uma rede ampliada familiar que se estendia entre os dois países nos extremos do globo. Essa indefinição espacial e de futuro, suspensão vivida pelos jovens desde a infância, adolescência e início da fase adulta, influenciou para que as entradas em relações afetivas amorosas mais comprometidas fossem adiadas.

No capítulo seguinte, apresentamos as tentativas de pouso dos jovens migrantes em busca de terra firme, no Brasil. Além do retorno migratório, abordamos também as experiências no processo de transição para a vida adulta de todos os jovens que compõem o campo desta pesquisa, tanto os filhos de migrantes quanto os que não tiveram a migração na infância e cresceram no Brasil.

5
TRANS/MIGRANDO PARA A VIDA ADULTA

Este capítulo reflete sobre as experiências do retorno ao Brasil e as adaptações em solo brasileiro no caminho para a vida adulta. Apresenta-se, assim, como um eixo de transição entre as histórias do passado e o presente dos jovens. Não se trata apenas de um eixo que organiza a apresentação e a transição do texto entre os tempos, mas representa também a transição dos próprios jovens de um lugar a outro. Além do lugar físico e espacial, como é explícito na viagem entre o Japão e o Brasil, esse movimento representou a mudança de um lugar de percepção espaçotemporal. O retorno para o Brasil pode ser visto como uma tentativa de pousar em solo seguro por um tempo sem limite, depois de anos vivendo suas vidas em certa suspensão migratória.

5.1 Pousando com turbulência: há terra firme no Brasil?

Ao analisar o conjunto das entrevistas e as trajetórias dos jovens até o momento em que decidem voltar para o Brasil, encontramos um movimento que se mostrou bem comum a todos: a experiência do retorno foi realizada enquanto uma busca por crescimento, pessoal e profissional. Nesse sentido, podemos dizer que essa etapa migratória com objetivos de permanecer no Brasil, estudar e trabalhar, pode ser vista, como levantamos em hipótese anterior, enquanto um dos eventos que marcam a transição para a vida adulta. Além de mais um evento, o retorno para o Brasil por si só já poderia ser considerado também como um *turning point*, pois altera drasticamente a direção do curso de vida dos jovens. Para além disso, o retorno segue combinado também com outros eventos que marcam a transição, tornando-se um momento crucial na vida dos jovens do ponto de vista da transição para a vida adulta.

Nossa amostra representa os jovens que decidiram voltar para o Brasil e que estavam vivendo no país no período das entrevistas. Os resultados apresentados explicam as motivações e os comportamentos desse grupo específico, que, apesar das dificuldades de adaptação, decidiram permanecer no Brasil e tentar suas vidas aqui. Soubemos pelos próprios jovens entrevistados que muitos amigos, conhecidos e mesmo irmãos de idades próximas que também voltaram para o Brasil não conseguiram se adaptar e retornaram ao Japão. Dessa forma estamos tratando aqui das vidas dos jovens que ultrapassaram as dificuldades iniciais e se estabeleceram no Brasil; eles acabam de certa forma rompendo com a condição de imigrante que os formou desde a infância, pelo menos por um tempo.

Isso não significa, entretanto, que os jovens vão permanecer no Brasil e não retornarão mais ao Japão. Como um dos entrevistados relatou, para quem já viveu no Japão esse será sempre o "plano B". Mas o que foi de fato relatado como perspectiva de futuro por todos os jovens entrevistados foi a vontade de "fazer a vida acontecer de verdade no Brasil ou algum outro país". A motivação mais comum para o retorno e a permanência no Brasil foi a rejeição ao tipo de mercado de trabalho reservado para os imigrantes brasileiros no Japão. Quando retornaram, os jovens estavam terminando ou tinham terminado a idade escolar e começariam a trabalhar. Muitos de fato começaram a trabalhar em fábricas, ainda no Japão, e tinham certeza de que não queriam aquele futuro para si. Mesmo quem não rejeitava o tipo de trabalho, como no caso de Camila, não desejava para si os limites do mercado de trabalho para imigrantes no Japão.

> A não ser, assim, exceções mínimas, brasileiro trabalha em fábrica. Todos os brasileiros que eu conheci trabalhavam em fábricas, a não ser esses que foram criados em escola japonesa, aí foram pra faculdade japonesa e entraram em algum tipo de empresa, o resto é tudo fábrica. E, apesar de eu gostar de trabalhar em fábrica, que eu gostava de trabalhar em fábrica assim, serviço manual, não tem pra onde crescer, sei lá, cê vai virar o quê, sei lá?, *tantosha*, né, que eles falam, que é o chefe da seção. Mas é de uma fábrica (Camila – estudou em escola brasileira, trabalha como secretária executiva no Brasil).
>
> E se a gente continuasse lá o nosso destino ia ser fábrica, né! [...] eu me baseio hoje, eu vejo isso, né, a maioria dos meus amigos que ficaram no Japão... trabalham em fábrica... (Bianca – estudou em escolas japonesas e brasileiras, trabalha em um banco japonês e é executiva de *marketing*).

Além de Camila, outros jovens também mencionaram esse termo sobre "não ter para onde crescer" vivendo no Japão como imigrantes. Ao mesmo tempo também não sabiam quem queriam ser em relação à profissão, por exemplo. O tempo de adaptação no Brasil passou por esses momentos de se sentirem "perdidos" e "atrasados".

> Não sei se é por isso (pela migração), mas entrei na universidade tarde... esses períodos eu não gostaria de voltar, porque demorou até uns dois, três anos até eu realmente encontrar assim um rumo, então eu acho que... foi muito tempo, foram dois, três anos, que talvez... não sei se é negativo, porque talvez uma pessoa que não tivesse migrado com 18 já estaria na faculdade, nem pensaria nisso, né... mas teve esse período, que foi muito ruim assim (Marcia – viveu dos 9 aos 21 anos no Japão, entrou na universidade no Brasil com 23 anos, fez Ciências Sociais).

[No retorno, quais foram as maiores dificuldades?] É assim, eu não passava na faculdade... nem procurava emprego também, né, não precisava, mas, assim, aquela coisa de tá perdido, sabe, mesmo assim, sabe, ah na faculdade de Jornalismo, eu não fiz um amigo lá, eu não fiz um amigo. Eu não sabia, cara... não entendia... era um bando de *playboy*, que eu nem queria ser amigo mesmo... um bando de patricinha... mas hoje, eu tenho amigo *playboy* e patricinha, porque eu sei lidar... com eles, eu entendo as diferenças, e na época não, porque eu não conseguia, eu não conseguia... E eu ficava falando que é porque "não, eu que sou tímido, sou tímido", mas não é... era insegurança, de chegar, tá numa roda... e... "será que eu falo isso?... não não... deixa..." e aí acaba não falando nada, e aí cê acaba se isolando, né. [E sobre aquela sensação que disse de se sentir atrasado, foi nesse período?] Sim, essa era a sensação de atrasado! (Danilo – emigrou com 12 e voltou com 18 anos ao Brasil, retornou com os pais e morou com eles até entrar na segunda faculdade, iniciou Jornalismo, que não terminou, e depois se formou em Ciências Sociais).

O que pudemos observar nesses relatos é que a forte valorização dos estudos e do trabalho foi uma tônica que definiu esse grupo. Talvez por essa valorização houve também a preocupação em se sentirem "atrasados" em relação aos jovens que não emigraram. Podemos considerar que a migração afeta o *timing* da transição para a vida adulta, não apenas do ponto de vista objetivo das idades, como no caso de Marcia, mas também de forma subjetiva, como no caso de Danilo, ao se sentir atrasado em relação aos outros jovens, ainda que tivessem as mesmas idades.

Dos dez jovens entrevistados que emigraram na infância, apenas Rose não tinha Ensino Superior completo ou em andamento; essa jovem inclusive foi a única que retornou ao Brasil influenciada pela formação de nova família, gravidez e união. Esse caso específico de Rose nos abriu o olhar para esse outro caminho de transição para a vida adulta, que não foi comum entre os jovens entrevistados aqui – no Brasil a maioria não tinha filhos nem estava unida conjugalmente.

Entretanto, dos casos relatados de irmãos, primos e colegas na mesma faixa etária que ficaram no Japão, muitos tinham tido filhos e também eram casados.

Não temos, de fato, dados suficientes para afirmar a respeito dos jovens que seguiram suas transições para a vida adulta no Japão. Entretanto poderíamos levantar uma hipótese a partir dos relatos compartilhados de que as transições para a vida adulta dos jovens que permaneceram no Japão poderiam se consolidar principalmente a partir da formação familiar. Uma vez que a entrada no mercado de trabalho imigrante parece não "legitimar" de alguma forma esse lugar de "crescimento" dos jovens, a formação de família poderia ser o evento ritual que marcaria essa passagem, do outro lado. Deixamos aqui apenas a reflexão e sugestões para pesquisas futuras.

Voltando ao grupo entrevistado, as maiores dificuldades relatadas de adaptação no Brasil do ponto de vista interpessoal estiveram relacionadas à separação da família e do ambiente já conhecido e seguro no Japão. Houve grande dificuldade de se ambientar, se reconhecer como parte do Brasil e uma "solidão" decorrente dessas situações. Nesse sentido o medo foi um tema recorrente nos relatos sobre a chegada ao Brasil, tanto medo do ambiente reconhecido como mais perigoso e violento do que o Japão, quanto a insegurança pessoal.

Os jovens, ainda que tivessem vivido parte de suas vidas no Brasil na infância, não reconheciam mais os códigos sociais de comportamento e sociabilidade, sentiam-se inseguros em se expor e circular livremente pelo Brasil. Do ponto de vista individual, os desafios estiveram ligados à dificuldade de seguir os estudos e à organização de rotinas cansativas, combinando trabalho e estudo em um ambiente em que se sentiam, de certa forma, estranhos, estrangeiros.

Quando eu saí do aeroporto eu (pensei) "ai, tô sozinha", e daí fiquei tipo um mês chorando... eu tinha medo de sair de casa, medo de ser assaltada, não sabia andar de ônibus, na época que eu fui era fichinha o ônibus, não era bilhete único, nada dessas coisas, morria de medo, morria (Patrícia – viveu dos 10 aos 16 anos no Japão, estudou em escolas brasileira e japonesa, no retorno viveu primeiramente na casa de uma tia). Eu acho que os primeiros cinco anos aqui foram bem difíceis, terríveis, porque... eu saí (do Japão) em um momento que a gente tava muito apegado e aí eu vim pra cá... e eu fiquei sozinha, né... (Ana – emigrou com 13 e retornou com 18 anos ao Brasil, no retorno ficou na casa dos avós). Ia ficar seis meses parado (sem estudar) porque eu não ia fazer vestibular, eu ainda tava na adaptação, eu tava... tava foda pra mim o Brasil... tava difícil, pô... [...] Aí quando voltei pro Brasil, virei pra dentro de novo (sozinho, da mesma forma que ficou quando chegou ao Japão), ficava na sala de novo (Danilo – emigrou com 12 e voltou com 18 anos ao Brasil, estava há 9 anos no Brasil quando ocorreu a entrevista).

Ana viveu por cinco anos no Japão e considera que os primeiros cinco anos no Brasil foram bem difíceis. O mesmo tempo que viveu fora foi o tempo que demorou para se readaptar, e ainda não considerava que estava totalmente adaptada quando ocorreu a entrevista, já há oito anos vivendo direto no Brasil. "Perdido", "isolado", "sozinho" foram termos que surgiram para descrever a fase de (re)adaptação no Brasil, não muito diferente das experiências que viveram quando chegaram ao Japão. Talvez uma grande dificuldade também tenha sido a quebra das expectativas. O retorno pressupõe sempre a volta para um lugar conhecido, familiar, e, no caso desses jovens, eles se sentiam novamente como estrangeiros, mas agora em seu próprio país.

Era essa adaptação de mentalidade, eu lembro também que eu esperava os caras agradecerem, isso também, né, é bobagem [...]. É meio que bobagem, mas você tava condicionado a isso, né, cara, então é adaptar

sua mentalidade, é adaptação mesmo, né, sua postura... de como você fala, de como você se comunica, né... essa foi minha maior dificuldade (Danilo – emigrou com 12 e voltou com 18 anos ao Brasil, estava há 9 anos no Brasil quando ocorreu a entrevista).
O jeito que eu sou aqui é muito da cultura japonesa, eu não assimilei a cultura brasileira assim, de jeitinho brasileiro, eu não tenho isso [...] é como, assim, se você não pertencesse a esse lugar. Eu gosto de estar aqui, mas tem coisa que eu não aceito que eles... como eles agem, sabe... porque eu tô acostumada com a cultura japonesa... do certo, do honesto, assim, então tem muita coisa aqui que me irrita, sabe, do jeitinho de lidar, a esperteza, tirar vantagem de tudo... com isso eu não me acostumei ainda não, e eu acho que não vou me acostumar (Camila – viveu no Japão dos 6 aos 18 anos de idade, estudou em escola brasileira no Japão e estava há 6 anos no Brasil quando ocorreu a entrevista).
[Qual foi a maior dificuldade no retorno?] Acho que a cultura, né, cultural, parte cultural. Não, não de costume, de comer, questão assim de comer... Questão de ser perigoso, essas coisas assim, eu fiquei mal... [...] Mas acho que mais a questão cultural, assim, os val... não valores, mas eu era acostumada a me relacionar com japoneses, e ter que me relacionar com brasileiro, assim, assuntos que falam, jeito de se expressar... jeito de, de amizade, acho que mais essa parte subjetiva, mais relacionamentos mesmo (Marcia – viveu no Japão dos 9 aos 21 anos, estudou em escolas japonesas, estava há 10 anos no Brasil).

A forma como Camila se refere aos brasileiros como "eles" sem se incluir e também o relato de Marcia mostram que, de fato, os jovens se sentem como estrangeiros no próprio país. Sendo estrangeiros no Japão e também no Brasil, consideramos que a formação dessa geração que cresce fora acaba por ter que aprender outras formas de se desenvolver nos lugares em que se encontram. As identidades culturais híbridas[1] parecem ser a forma como mobilizam os recursos

---

[1] Hall, 2002.

para seguir vivendo entre os mundos. Embora os jovens estivessem vivendo no Brasil quando ocorreu a entrevista, havia entre a maioria um desejo de viajar para viver em outros países, mas não para o Japão. Por conhecer a realidade de imigrante no Japão, já não haveria uma idealização de que pudessem crescer naquele contexto. Talvez a dificuldade de adaptação e a quebra de expectativas do que seria o retorno ao Brasil façam com que os jovens sigam projetando seus lugares em outros lugares.

> Pensei (em voltar para o Japão), pensei várias vezes, eu falei "ai, não aguento essa vida aqui não, muito sozinha, as pessoas são meio esquisitas aqui, os meus amigos são os mesmos do Japão". Senti bastante dificuldade de adaptação, não que eu me sinta superadaptada aqui ainda, mas às vezes eu penso falar "ai, queria voltar pra lá" (pro Japão)... não voltar pra lá, mas sair daqui de novo, sabe... (Ana – viveu dos 13 aos 18 anos no Japão, estudou em escola brasileira, estava há 8 anos no Brasil).
>
> Ah sim, eu pretendo ficar aqui uns anos, mas depois eu até pretendo morar, assim, em outro país, não precisa ser especificamente lá (no Japão), mas pode ser em outro país (Bernardo – viveu de 1 ano até os 23 no Japão, estudou em escolas japonesas e brasileiras, estava há 2 anos no Brasil).
>
> Eu ainda gosto muito do Japão. Se chegassem pra mim e falassem "você pode escolher onde você quer morar", eu falaria "Japão", porque eu me identifico com tudo lá, com a cultura, com a comida, os lugares, a segurança, comodidade, tudo. Mas eu sei que lá não tem espaço pra mim, assim, crescer profissionalmente, a não ser que eu comece do zero, então, pensando no meu futuro, eu escolho Brasil, mas, se pensasse no presente, assim, "o que você quer agora", eu escolheria Japão. [Mas você consegue viver bem aqui? Você se adaptou bem?] É, então, eu não fico pensando nisso não, que se parar pra pensar e vou entrar em depressão, então eu me acostumei aqui. Hoje não... não tenho o que reclamar assim (Camila – viveu no Japão dos 6 aos 18 anos de idade, estudou em escola brasileira no Japão).

Quando ocorreu a entrevista, Camila estava vivendo no Brasil havia seis anos, ainda assim sentia que, se pensasse muito sobre voltar ou não para o Japão, ficaria deprimida. É possível observar um conflito entre desejos e afeições no presente e projetos profissionais futuros. Os jovens que compuseram o grupo desta pesquisa viveram um dilema entre seguir com suas relações afetivas mais próximas, não apenas interpessoais, mas também com ambientes e cultura no Japão, para realizar seu projeto de crescimento pela via do trabalho principalmente, no Brasil.

Rose, que era a única entrevistada que tinha tido filhos, comenta que sente saudades do Japão, viveu lá dos 8 aos 19 anos de idade, mas diz que não voltaria a viver lá na atual situação com família:

> Porque, se voltar, eu não ia ter coragem de fazer o que os meus pais fizeram, é deixar eles (os filhos)... e ir só eu e meu marido pra trabalhar, eu não ia ter coragem, eu sou apegada a eles, então, se for pra ir, tem que ir todo mundo... mas só que aí eu fico pensando na vida deles também, nas amizades que eles têm... a diferença da cultura... tudo isso, né... então... é, porque eu vivi, né, eu sei como que é, né... e vai ser difícil, então, enquanto a gente pode, a gente vai tentar a vida aqui mesmo (Rose – voltou para o Brasil para casar e ter o primeiro filho, é mãe de duas crianças).

Outros jovens que não tinham tido filhos, mas pretendiam, também não iriam para o Japão com filhos pequenos. Ao reconhecerem as dificuldades que passaram nas transições entre um país e outro, não desejavam essas mesmas experiências para seus filhos. Apesar dos relatos de bastante dificuldade e sofrimento, principalmente no período de (re)adaptação no Brasil, os jovens consideraram que os ganhos que tiveram com essa experiência também foram valiosos. Em um balanço sobre suas experiências no Japão, as principais dificuldades relatadas foram os períodos difíceis de adaptação e o sentir-se e/ou estarem "atrasados" em relação aos outros jovens em suas trajetórias. No entanto a experiência migratória como um todo foi avaliada como positiva no sentido de terem aprendido a olhar o mundo de outras formas, de as experiências terem sido desafiadoras e favorecido o "crescimento" e o "amadurecimento" pessoais.

> Eu vejo pelo lado positivo da coisa, entendeu, acho que foi traumatizante (ter ido para o Japão), mas é a lição que se tira desse trauma, se você consegue tirar uma lição de tudo isso, aí é positivo, isso te ajuda bastante, como te disse, isso me ajudou bastante a crescer. Criar um senso crítico sobre... sobre a vida, sobre a sociedade, nesse sentido foi positivo (Giulio – viveu dos 14 aos 26 anos de idade no Japão, estudou em escolas japonesas). Nossa, maturidade, cem por cento! Mentira, cem por cento não (risos), mas sinto que amadureci muito, sentia que ou amadurecia ou amadurecia né, senão voltava pro Japão e era trabalhar em fábrica de novo, né (Patrícia – viveu dos 10 aos 16 anos no Japão, estudou em escolas brasileira e japonesa).
> Eu acho que o fato de ter ido lá pro Japão e ter visto essa coisa diferente, e não só pro Japão não, viu, quando eu viajo assim também, eu vejo... eu fico prestando muita atenção nisso, né, eu falo "pô... isso aqui funciona, isso aqui não funciona, isso aqui é legal, isso aqui não é legal"... Então eu acho que o fato de ter ido no Japão, acho que me deu, me dá esse parâmetro assim, sabe... eu tenho uma outra visão totalmente diferente do que pode ser. Isso eu vejo de gente que não foi... acho totalmente favorável, muito, a minha ida pro Japão, eu vejo a ida pro Japão como a melhor coisa que poderia acontecer na minha vida, hoje. Assim, posso questionar o momento... passada aquela fase da raiva e tal... Assim, foi o que mais me preparou, claro, tenho ressalvas, mas acho que foi o que mais me preparou pra hoje eu tá assim [...] Eu até falo pro meu irmão... falo, meu, aqui no trabalho também, "se você tem oportunidade, vai, cara, vai que é uma das maiores experiências da sua vida, você vê um outro mundo"... né, e, quando você volta, você começa a ver o Brasil de um outro, de outro jeito também... né... sua cabeça é assim (gesto de um tamanho), volta assim (tamanho maior) e esse espaço que tá em branco você tem que começar a ver as coisas... e tal... (Danilo – emigrou com 12 e voltou com 18 anos ao Brasil).

As dificuldades da experiência migratória, quando olhadas de forma retrospectiva a partir do momento presente, ganharam um sentido de desafio, favoreceram o amadurecimento dos jovens. Sobreviver à migração e à (re)adaptação no Brasil para esses jovens teve um sentido de ter encontrado algum ponto de apoio, um chão. Um pouso mais ou menos realizado, ainda que houvesse vontade de alçar novos voos, mas em novas direções. Quando olham para suas histórias e reconhecem os desafios atravessados a partir das escolhas que fizeram, individuais e familiares, o fato de retornar e permanecer no Brasil, a despeito das dificuldades, parece ter sido um ganho que os colocou mais próximos do lugar aonde queriam chegar.

5.2 Curso de vida e migração: quando e como migrar faz diferença?

A pesquisa de campo que compõe este livro contou com a participação de 17 jovens nipo-brasileiros, desse total os dez que tiveram experiência migratória na infância foram apresentados anteriormente. Neste momento passamos a olhar também para as experiências dos sete jovens que tiveram suas trajetórias educacionais continuadas no Brasil, e alguns só emigraram depois de concluído os estudos até o nível superior. Este grupo, embora não se configure como um grupo controle, como idealizamos no início desta pesquisa, trouxe experiências diversas do ponto de vista da migração entre Brasil e Japão em famílias *nikkeis* e das influências desse movimento na transição para a vida adulta.

Os jovens que não tiveram a experiência migratória na infância eram todos também de famílias nipo-brasileiras e estavam na faixa etária entre 25 e 35 anos no período das entrevistas. Este grupo, entretanto, apresentou um perfil etário já mais próximo ao intervalo final da idade de corte que estipulamos para trabalhar com os jovens em transição. Apresentamos a seguir uma descrição resumida das características desses jovens em relação à transição para a vida adulta e à migração:

QUADRO 2 – JOVENS COM EXPERIÊNCIAS MIGRATÓRIAS
DIVERSAS (INDIVIDUAL OU FAMILIAR), 2015

Perfil Demográfico			Trajetória Migratória			Perfil de Transição para a Vida Adulta				
Nome	Idade	Sexo	migrou	Ida ao Japão (idade)	Retorno ao Brasil (idade)	Instrução	Ocupação	Conjugal	Filhos	Residência
Larissa	32	mulher	sim	20 anos	25 anos	Superior	Fisioterapeuta	Unida	sim	c/comp. filha
Livia	32	mulher	não	.	.	Superior	Médica	Unida	não	c/comp. filha
Sara	34	mulher	não	.	.	Superior	Marketing	Casada	sim	c/marido, filhos e pais
Laís	35	mulher	sim	16 anos	16 anos	Superior incompleto	Administrativa	Casada	sim	c/ comp. e filho
Maria	32	mulher	sim	12, 20 e 23 anos	23 anos	Superior	Administrativa	Solteira	não	c/ os pais
Gabriel	30	homem	sim	23 anos	23 anos	Superior	Bancário	Solteiro	não	c/ os pais
Heitor	36	homem	sim	24 e 27 anos	27 anos	Superior	Fotógrafo	Noivo	não	Individual

Fonte: Pesquisa de campo (2015). Elaboração própria.

Trabalhamos com esse grupo com um olhar que poderia nos proporcionar contrapontos à experiência relatada pelos jovens que emigraram na infância. Em relação a estes últimos, o grupo que não emigrou na infância apresenta um perfil com mais pessoas unidas conjugalmente e com filhos. A idade é um dos fatores que influenciam esse resultado. Também é um grupo em que todos têm Ensino Superior completo e estão inseridos no mercado de trabalho em suas áreas de formação, com exceção de Heitor, que se formou em Direito, mas atua como fotógrafo, tendo seu próprio estúdio de fotografia.

Não pretendemos, nesta etapa de análise, entrar de forma individual nas trajetórias de cada jovem, mas assinalar o que se pôde encontrar de grandes diferenças entre trajetórias dos jovens com história de migração i) na infância, ii) na fase adulta e iii) sem migração pessoal (embora os pais tenham emigrado). Essas diferenças poderão nos oferecer subsídios para compreender os impactos e as influências da migração no curso de vida dos jovens e mais especificamente na transição para a vida adulta.

Uma primeira grande diferença que podemos notar é quase o movimento inverso desse grupo em relação à migração. Enquanto os jovens que cresceram no Japão vieram para o Brasil no período de suas transições, os jovens que cresceram no Brasil tiveram sua primeira experiência de emigração para o Japão principalmente na transição entre escola e trabalho. Entretanto essas experiências no Japão tinham delimitações estritamente temporárias, com passagens de ida e volta marcadas. Maria e Heitor, que tiveram experiência como *arubaito* (trabalho temporário) no Japão, ficaram três meses, período normalmente de férias universitárias. Heitor fez essa primeira viagem logo depois de terminar o Ensino Superior no Brasil.

> Foi muito difícil, eu achei... porque eu nunca tinha trabalhado assim, né, em fábrica, foram três meses, né... um mês e meio foi muuuito difícil... aí depois, depois acostumei, aí começou a melhorar. [Foi na época da faculdade?] Não, eu já tinha terminado, eu fiz Direito, mas não gostei, né... aí eu tava naquela fase de "o que que eu ia fazer?"... Aí resolvi ir [...], foi muito bom, viu (Heitor – 35 anos, teve experiência no Japão como *arubaito* e como bolsista).

Tanto Heitor como Maria, além da primeira experiência como *arubaito*, tiveram posteriormente a emigração como bolsistas do governo japonês. Essas bolsas eram concedidas pelas províncias japonesas de onde seus avós vieram, tinham duração de um ano e eram uma especialização para os jovens de países "em desenvolvimento" que tinham ascendência japonesa.

> Eu fui de *dekassegui* e eu fui de bolsista, como *dekassegui* você tem muito preconceito! Quando você é bolsista, não. O pessoal fala "ah você é bolsista do governo, nossa! Vem cá, eu pago isso, eu pago aquilo". [Os japoneses?] É! Se você tá indo lá pra estudar, o tratamento é outro de você tá indo lá pra sobreviver e trabalhar, é uma diferença muito grande de tratamento. [Você sentiu isso da outra vez que você foi?] Senti! "Você, você fica aí trabalhando, você é serviçal"... agora quando você vai de bolsista falam "nossa, mas o governo tá te pagando a bolsa, nossa, não, então...", a diferença foi muito chocante, é muito chocante, é muito grande. Pra você ver como que eles veem as pessoas que tão indo lá trabalhar, né, pra tentar sobreviver, não é fácil não. Isso porque eu só fiquei três meses, tá (risos) [...]. Fábrica é pior ainda... já me falaram que fábrica é pior, eu falei, "não, pra fábrica eu não quero ir", melhor estação de esqui, porque daí também eu andava de esqui, né (Maria – 32 anos, teve experiência no Japão como *arubaito* e como bolsista).

A experiência de trabalho de Maria ainda passou por um nicho de mercado não comum aos imigrantes brasileiros, os quais trabalhavam majoritariamente em fábricas. As percepções desses jovens que tiveram sua formação educacional inteira no Brasil também foram de uma forte rejeição aos tipos de trabalho reservados aos imigrantes *dekasseguis*. Sobre as diferenças entre o trabalho de fábrica e a estada no Japão como bolsista, Heitor mobiliza sua própria experiência e de familiares que também estavam vivendo no Japão.

> Eu tenho muitos tios e primos que foram trabalhar, né, e assim, eu sei que fácil não é, né... isso dá pra deduzir, sem precisar passar pela experiência, né... mas... ter a experiência mesmo, faz entender... muito melhor... porque tem muita gente que fala, né: "pô, mas, a pessoa trabalha lá 10 anos, não aprendeu a falar japonês, né?" [...] mas não dá tempo mesmo! Nossa, a rotina lá é tão difícil [...] É meio fácil ficar doido lá mesmo... e também fácil perder o foco também, né, porque eu via assim, "nossa, com o dinheiro desse mês eu conseguia comprar esse carro". Aí depois, como bolsista, aí lógico, né, é um tratamento... diferente, né [...] Mas assim a diferença que

eu acho é as oportunidades que a gente tem, né, como bolsista a gente tem algumas oportunidades que, quando eu tava no trabalho como fábrica, assim, era bem mais difícil (Heitor – 35 anos, teve experiência no Japão como *arubaito* e como bolsista).

Outra experiência de migração após ter terminado o Ensino Superior que não era nem como bolsista nem como *arubaito* foi a de Larissa. Ela era fisioterapeuta e foi para o Japão inicialmente para trabalhar em fábrica, seu pai e seus irmãos já viviam no Japão, e ela foi a fim de depois tentar um intercâmbio para outro país. Por ter Ensino Superior na área da saúde, a qual tem bastante demanda, principalmente para a população idosa no Japão, conseguiu um trabalho em um hospital japonês. Apesar de ter tentado se inserir em sua área de formação no Japão, esbarrou na dificuldade de dominar o idioma japonês.

> Então eu fui trabalhar no hospital, só que era como *helper* (ajudante), então eu ficava lá, só que eu não sabia falar nada de *nihongo* (língua japonesa) e eu fiquei desesperada... aquela foi a pior época da minha vida, assim... eu lembro exatamente, perfeitamente no dia em que eu entrei naquela casa (onde ela foi morar por conta do trabalho) que eu tive que dividir com umas nove senhorinhas, e eu assim... sem saber falar *nihongo* e todas falando só *nihongo* e eu não entendendo nada, eu falei "o que eu vou fazer no hospital?". A pessoa... o paciente vem falar em *nihongo* com você... como é que vai ser, né? Aí aquilo lá assim me deixava completamente desesperada (Larissa – 32 anos, fisioterapeuta, viveu no Japão dos 21 aos 25 anos).

Larissa voltou a trabalhar em fábricas depois dessa experiência no hospital, onde não se adaptou. Conheceu o atual companheiro no Japão, trabalharam e moraram juntos por lá até o retorno em 2009 por conta da crise econômica internacional de 2008, que afetou muito o Japão e os postos de trabalho para brasileiros.

Dos jovens entrevistados que não emigraram na infância, Larissa foi quem permaneceu mais tempo no Japão. Gabriel, que também foi como bolsista depois de ter terminado a faculdade de Biologia, ficou apenas um ano no Japão, o tempo de duração da bolsa, e retornou ao Brasil. Entrou no mercado de trabalho em uma área diferente da de sua formação por conta do domínio do idioma japonês. Depois de um tempo trabalhando em um banco japonês, lidando com clientes internacionais, resolveu cursar outra faculdade, de Administração de Empresas, para seguir trabalhando na área administrativa do banco japonês onde trabalhava quando ocorreu a entrevista.

> Tinha todo interesse de conhecer o Japão e tudo mais, ainda mais pra estudar, ainda mais recebendo uma bolsa de estudo pra poder estudar, né? [E o que seus pais acharam?] Ah adoraram, né? (risos) Ficaram orgulhosos e tudo mais. [Sentiu preconceito por ser estrangeiro?] Pelo contrário, assim, eles gostavam, foi na época da Copa, foi 2006, então... todo mundo fala assim "Ronaldinho" (risos) (Gabriel – 30 anos, biólogo e administrador, esteve no Japão como bolsista).

Independentemente das trajetórias migratórias por que passaram, todos os jovens entrevistados para esta pesquisa possuem um passado comum. Mesmos as jovens entrevistadas que não tiveram passagem pelo Japão se identificam com traços da cultura e comportamentos herdados de seus avós.

> Me sinto totalmente brasileira, mas acho que algumas características que as pessoas rotulam como japoneses, eu me identifico, "dedicado, estudioso", eu me identifico, mas as pessoas rotulam, né, outras pessoas não japonesas também têm isso (Lívia – 32 anos, médica, nunca esteve no Japão).
> Minha vó manteve (costumes japoneses), só que minha vó não impôs isso muito pra gente, né, nem em relação à religião, essas coisas ela nunca impôs, tanto é que a gente não sabe nem qual que é a religião dela... (risos)

cada hora a gente pensa que é uma coisa e não é... então assim, ela impôs sutilmente assim, as tradições, né, tem algumas que a gente resgata do que minha mãe passou pra gente... mas não é muito do que ela impõe não (Sara – 34 anos, publicitária, nunca esteve no Japão).

Essas características das famílias nipo-brasileiras, herdadas dos antepassados imigrantes japoneses, dialogam com o que encontramos no campo em relação à valorização dos estudos e à importância do estudo e do trabalho nas formações pessoais dos jovens *nikkeis*. Conforme informações sociodemográficas existentes,[2] as famílias nipo-brasileiras apresentam um perfil de nível educacional e socioeconômico superior ao geral do estado de São Paulo.

O que observamos entre os jovens entrevistados é que aqueles que não emigraram na infância ou emigraram nas fases adultas pertenciam a famílias de níveis educacionais e socioeconômicos superiores aos que emigraram na infância (com exceção de Ana e Danilo). As mães de todos os sete jovens entrevistados nessa etapa da pesquisa tinham Ensino Superior completo, a maior parte dos pais também. Ou seja, são de famílias em que a geração anterior já possuía Ensino Superior completo e trabalhava em profissões de maior qualificação. As famílias dos emigrantes na condição *dekassegui* apresentaram um recorte de classe diferente dessas famílias. Entre os migrantes da infância, ainda que a maior parte dos jovens tivesse o Ensino Superior em andamento ou completo, seus pais não tinham esse nível de instrução e trabalhavam em postos de trabalho que exigiam menor qualificação profissional.

Camacho,[3] em seu trabalho, relacionou os níveis educacionais dos nipo-brasileiros com parte da cultura japonesa herdada dos antepassados, a fim de desmistificar a crença existente no Brasil de

---

[2] Shishito, 2022.
[3] Camacho, 2012.

que os japoneses seriam "mais inteligentes" por estarem em destaque nas escolas e faculdades. "Os valores culturais japoneses mais significativos que mantêm vínculos diretos ou indiretos com a vida escolar dos nipo-brasileiros são a hierarquia, a ética dos débitos [*on*], a vergonha, a responsabilidade, a autodisciplina e a competição."[4] Dentre os valores que observamos nas trajetórias escolares dos jovens entrevistados, o *on* ou a "ética dos débitos" parece dos mais operativos. "*On* pode significar obrigações, lealdade, bondade, amor. Em todos os casos, *on* é carga, débito, ônus."[5]

> Eu me... não sei se eu me cobrava... ou se eu... era bom aluno, nunca tive problemas de notas e essas coisas, eu já era *cdf*, não sei (risos) (Gabriel – 32 anos, biólogo e administrador, esteve no Japão como bolsista).
>
> Eu falo que eu sou brasileira, mas a essência é japonesa [...]. Você nasceu no Brasil, sua nacionalidade é brasileira, mas, quando você vai pensar... ou fazer alguma coisa, que você percebe que os seus gestos... sua forma de pensar é japonesa. Porque meu pai me criou desse jeito, entendeu? (Maria – 32 anos teve experiência no Japão como *arubaito* e como bolsista, é *nissei*, filha de japoneses).

Muitos jovens relataram um tipo de "autoexigência" ou "autocobrança" em relação às obrigações, não só de estudos, mas também no trabalho. Ana até colocou um nome nessa sua característica, que diz que desenvolveu desde muito pequena, o que chamava de "general interno". O que ela denomina como "general" pode ser lido através dos relatos em comum entre outros jovens como aspectos culturais que seguem operando nas famílias nipo-brasileiras – a ética dos débitos (*on*).

---

[4] *Idem*, p. 93.
[5] *Idem, ibidem*.

Então a cobrança na verdade (de voltar e terminar os estudos no Brasil), essa questão da independência que eu criei quando pequena, na verdade é uma questão de... não é de independência, acho que é mais um general que eu criei dentro de mim mesma... Como eu não era cobrada pelos meus pais, então a cobrança veio de mim mesma (Ana – 26 anos, viveu dos 13 aos 18 no Japão, professora universitária).

Sempre quis (morar sozinho), desde novo, não sei por quê, uma coisa minha, sempre quis ser muito independente, não sei te dizer por quê, mas é uma coisa que tinha muito na cabeça, sempre pensei "quando eu tiver condições financeiras, vou morar sozinho" (Anderson – 31 anos, dos 12 aos 18 no Japão, arquiteto).

Essas características associadas aos japoneses e descendentes de japoneses no Brasil, como a disciplina, a valorização dos estudos, a honestidade, foram aprendidas pelos jovens desde sua infância independentemente de terem emigrado ao Japão ou não. O que ficou claro nas entrevistas é que os próprios jovens sempre atribuíram essas características de forma individual a si mesmos, quando as reconheciam. Também não entendiam de onde elas teriam vindo, uma vez que não se sentiram cobrados por seus pais a desenvolver tais características.

A ética dos débitos, com matizes próprios, persiste ainda hoje nas famílias nipo-brasileiras impondo laços de obrigações entre seus membros [...]. No que se refere às obrigações dos pais para com os filhos, há unanimidade quanto ao objetivo final a ser alcançado no decorrer do processo educativo. Todos os pais e mães estabelecem para si mesmos a obrigação de proporcionar aos filhos um alicerce sólido que lhes permita uma vida futura, quando adultos, de independência e com uma profissão socialmente reconhecida como boa. Para isso consideram a educação prioridade máxima. Os filhos reconhecem o cumprimento das obrigações paternas entendendo o esforço e sacrifício despendidos. Em contrapartida, se empenham para retribuir ou saldar o débito de maneira a atender às expectativas dos pais. Se a obrigação maior dos pais de filhos em idade escolar é possibilitar uma boa educação, na mesma proporção, a obrigação máxima dos filhos é corresponder sendo um ótimo aluno na escola.[6]

Ao considerar esses aspectos da cultura japonesa que chegaram ao Brasil e a forma de transmissão dessa cultura, de forma indizível, silenciosa, podemos compreender como esses valores foram incorporados pelos jovens antes mesmo que eles percebessem. Ou seja, a influência familiar também se mostrou um fator de força nas direções de curso de vida desses jovens, para além dos tempos históricos e de suas particularidades, como a migração por exemplo.

> Seria de se supor que relações familiares dessa natureza conduzissem os pais a um comportamento de pressão explícita sobre os filhos. Nada disso. Mães e pais em sua maioria comportam-se como se estivessem alienados do que acontece na vida escolar dos filhos. Aparentemente não existe pressão ou cobrança por resultados positivos. [...] Desinteresse? Não. Apenas não há necessidade. Aliás, não se cogita que haja necessidade porque os pais sabem que já inculcaram em seus filhos, durante o processo de socialização na primeira infância, a responsabilidade e a obrigatoriedade dos deveres referentes à educação escolar. A pressão existe sim, porém, ela é sutil, implícita e algumas vezes até imperceptível a alguns filhos. Mas nem por isso essa exigência é frágil. Pelo contrário, é muito forte e competente porque toma o indivíduo e o enreda subjetiva e moralmente. Uma pressão dessa constrói uma pessoa.[7]

Tomadas as trajetórias dos jovens entrevistados para esta pesquisa – todos nipo-brasileiros, herdeiros de traços culturais japoneses e com experiências diversas em relação à migração –, podemos pontuar algumas considerações sobre os impactos ou as influências dessa

---

[6] Camacho, 2012, p. 97.
[7] *Idem*, p. 100.

experiência de deslocamento em relação ao curso de vida e à transição para a vida adulta.

Um primeiro ponto que se destaca é que, independentemente das trajetórias migratórias, todos tinham uma forte valorização dos estudos e de um tipo de inserção no mercado de trabalho que correspondesse a profissões reconhecidas socialmente e onde sentissem que poderiam crescer. A rejeição aos trabalhos manuais de fábricas japonesas, onde não era exigida qualificação profissional, foi unânime. Essa necessidade de crescer pela via do trabalho talvez tenha sido uma das principais motivações de retorno ao Brasil.

A emigração das famílias na condição de *dekasseguis* sempre foi vista como um projeto temporário (embora muitas estivessem há muitos anos, até décadas no Japão). O objetivo era sempre de melhorar as condições de vida, inclusive para oferecer um alicerce sólido para os filhos no futuro. Nesse sentido poderíamos considerar que a motivação dos pais de família que emigraram rumo ao Japão poderia estar influenciada pela ética dos débitos operando em relação aos valores que deveriam formar um ser (japonês ou nipo-brasileiro). Como pais e mães de família, seu dever seria o de oferecer esse chão sólido aos filhos, ainda que o caminho para se chegar a tal destino tenha sido o deslocamento temporário, justamente ao berço desses valores, mas paradoxalmente exercendo as funções rejeitadas por e naquela sociedade e cultura.

Um segundo ponto que pudemos captar em relação ao processo migratório e às influências no curso de vida é que ter emigrado nas idades de infância e adolescência teve mais impacto nas vidas dos jovens do que o tipo de escola em que estudaram no destino propriamente. Entrevistamos jovens que tiveram experiências educacionais em escolas japonesas, brasileiras e nos dois tipos de escola na infância e na adolescência. Também jovens que tiveram experiência em Ensino Superior como bolsistas e estagiários.

Diferentemente da hipótese que levantamos inicialmente, de que o tipo de escola a ser frequentado no Japão poderia ter grandes impactos no decorrer do curso de vida para os jovens que decidiram retornar ao Brasil, esse não parece ter sido o fator principal dentro de sua experiência migratória. Talvez o tipo de escola possa ser um fator mais importante para os jovens que decidiram permanecer no Japão. Alguns entrevistados comentaram de colegas que seguiram suas carreiras acadêmicas e profissionais no Japão por terem estudado em escolas japonesas, o que seria difícil para os que tiveram ensino em língua portuguesa. Mas, para os jovens que retornaram, o tipo de escola em que estudaram se mostrou menos relevante do que os próprios fatos de terem saído do Brasil, do deslocamento em idades jovens e do retorno para seguir suas carreiras e vidas aqui.

Consideramos esse fator de influência maior porque, independentemente do tipo de ensino da escola que frequentaram no Japão, todos tiveram muitas dificuldades de (re)adaptação no retorno ao Brasil, mesmo os que foram alfabetizados e formados em escolas brasileiras. Além disso, todos também mostraram que, para se inserir no mercado de trabalho brasileiro, a experiência migratória em si teve um impacto positivo, independentemente do tipo de educação que tiveram no Japão. Esse impacto se deu principalmente por domínio da língua japonesa, mesmo de alguns jovens que não frequentaram escolas japonesas, mas estudaram de forma independente. Além disso, o fato de conhecerem uma lógica de comportamento, sociabilidade e trabalho japonês foi um fator de influência positiva para a inserção desses jovens no mercado de trabalho no Brasil.

Nesse sentido, consideramos que a migração na infância tenha impactado mais no *timing* e na despadronização dos eventos relacionados à transição para a vida adulta do que nos valores e objetivos futuros propriamente. As trajetórias dos jovens filhos de migrantes se mostraram com alta reversibilidade de entradas e saídas do sistema educacional e do mercado de trabalho, entre Brasil e Japão.

Os jovens imigrantes acabaram se sentindo atrasados em relação aos outros jovens no Brasil, entretanto, se comparados aos jovens que permaneceram no Brasil ou emigraram como bolsistas já adultos, os jovens imigrantes atravessaram alguns eventos da transição para a vida adulta bem antes.

A entrada no mercado de trabalho e a saída do sistema escolar principalmente foram vividas em idades mais jovens entre os imigrantes. Os eventos da esfera familiar, por outro lado, como a entrada em união conjugal e o nascimento de filhos, ainda não tinham sido vivenciados pela maior parte dos jovens imigrantes. Entre os jovens que foram analisados como contrapontos, muitos estavam em união conjugal e tinham filhos, entretanto esse grupo também já estava em uma faixa de idade maior, já ao final do período etário considerado para o grupo da pesquisa. Os jovens imigrantes tinham esses objetivos a serem atingidos até essa faixa etária também.

O que se pôde observar foi que, independentemente do tipo de trajetória migratória – na infância ou já adultos, ou mesmo os que não migraram, mas eram de famílias nipo-brasileiras –, os jovens entrevistados tinham imagens e sentidos comuns do que seria a vida adulta e dos objetivos futuros para chegar a ela. Assim, apresentamos a seguir o sentido de se tornar adulto e as percepções dos jovens em relação a essas experiências. Os resultados apresentados são da análise das entrevistas dos 17 jovens, uma vez que se mostraram como expectativas compartilhadas por todos os jovens no mesmo espaço/tempo, no Brasil.

5.3 DE CORPO PRESENTE? – A TRANSIÇÃO PARA A VIDA ADULTA HOJE E AMANHÃ

Ao trabalhar com as informações sobre o presente, buscamos analisar os processos de transição pelos quais estavam passando os jovens no momento de realização da pesquisa de campo, captando as representações daquela realidade presente. Aqui privilegiaremos os sentidos e as representações sobre a vida adulta e as inter-relações entre as esferas do trabalho e da família e suas oportunidades, seus conflitos e seus constrangimentos. Nesse eixo trataremos da transição para a vida adulta propriamente, as percepções que os jovens têm sobre o que é ser uma pessoa adulta, o que sentem que lhes falta ou o que já conquistaram e quais seriam as dificuldades consideradas. Nesse eixo também trazemos as reflexões que os jovens fizeram acerca do passado que vivenciaram, buscando trazer o olhar que eles têm hoje para a experiência vivida e refletida.

Consideradas as entrevistas realizadas no campo, chegamos a alguns temas para trabalhar com a ideia de ser ou se tornar adulto. Ser adulto parece ser *ter chão*. Mas, para além de ter chão, parece também ser *ter corpo*. Mais precisamente, parece que está nessa relação entre sentir o próprio corpo em seu próprio chão. O fruto que amadurece e cai ao solo, só, aos pés daqueles que até então o sustentavam, antes dependente, imaturo, suspenso.

O chão, a terra e o solo representam em nossa sociedade e também em nossos mundos subjetivos ideias de segurança, estabilidade e pertencimento. Uma noção de existência espacial. O corpo que amadurece e se separa de seus familiares, sustentando-se em seu próprio chão e produzindo seus próprios frutos, representa a ideia de existência em um curso temporal através de ciclos de reproduções: pessoais, familiares e sociais.

Se trago essas imagens para trabalhar com a questão da transição para a vida adulta, é porque foram elas que apareceram de forma recorrente sobre esse tema durante as entrevistas com os jovens. Ao analisar as entrevistas e observar as figuras de linguagem que surgiam, bem como as imagens utilizadas para se falar sobre esse período da vida, pude perceber que ser adulto era representado por estes dois principais temas: *chão* e *corpo*, que optamos por utilizar aqui enquanto categorias analíticas. Entretanto, esse chão não seria qualquer chão, senão o seu próprio, aquele conquistado com esforços e realizações de um corpo que pôde amadurecer e (se) produzir de forma mais autônoma, menos dependente. Esse corpo também não seria qualquer corpo, mas aquele que sente os "pés no chão", que "anda com as próprias pernas", que "já deu a cara para bater", que "saiu da barra da saia da mãe". Aquele que "se vira sozinho", que "sente as coisas na pele", que "sente um nó na garganta", mas que também "sabe aonde quer chegar".

Essas foram expressões que surgiram entre os jovens quando questionados sobre sua experiência de vida adulta. Aliás, ao iniciar o módulo sobre esse tema no roteiro de entrevista, uma surpresa seguida de reflexão inicial também apareceu de forma recorrente entre a maior parte dos jovens. De forma geral, a reflexão que demonstrou certo desconhecimento ou não familiarização com o tema surgia quase sempre da seguinte forma: eu perguntava "Como você considera que seja hoje em dia uma pessoa adulta?", as respostas quase sempre repetiam a pergunta com surpresa, que muitas vezes foi seguida de longos períodos de silêncio e reflexão, outras vezes de perguntas para entender melhor o que eu gostaria de saber a respeito disso. De qualquer maneira não era uma questão óbvia.

> Adulta? (risos) Nossa, pergunta difícil essa, hein... (silêncio) pessoa adulta... você fala no sentido de ser... de não ser... criança, não se sentir infantil... nesse sentido? [É uma pessoa que você olharia e falaria "essa pessoa é adulta", que características que ela tem?] Ah, a pessoa que tem responsabilidades, que... como fala... saiba se portar em cada situação, né, ou seja, hora de farrear, farrear, hora de ficar sério tem que ficar sério... é talvez se portar e ter responsabilidades... é difícil essa pergunta, hein! Nunca pensei... (Gabriel – 30 anos, solteiro, sem filhos, superior completo, biólogo e administrador bancário).

Como eu considero que seja uma pessoa adulta? Nossa, que pergunta difícil! (risadas). O adulto de hoje é o adolescente de ontem (risadas). Eu não sei, essa é a minha visão, eu olho e falo "nossa, o 60 de hoje é o 40 de ontem". Ah eu vejo como... não vou falar cem por cento independente financeiramente porque eu ainda tenho ajuda dos meus pais e tal, mas que trabalha, que tenha responsabilidades pessoais, sabe? Por exemplo... nossa, que difícil... É que o exemplo que eu ia dar era do meu cunhado, de tosquice de responsabilidade, de tudo que um adulto não deve ser, é o meu cunhado (Patrícia – 28 anos, dos 10 aos 16 no Japão, solteira, sem filhos, superior em História, técnica arqueóloga).

Pessoa adulta, como assim? O adulto de hoje é o adolescente de ontem

Os trechos citados apresentam algumas das dificuldades iniciais em definir a pessoa adulta. A estratégia adotada por alguns jovens foi, em um primeiro momento, tentar definir o que não é um adulto, para pensar o que poderia ser. Ao ser contrastada com a fase da infância, percebe-se que está claro que há uma perspectiva de ganhos de experiências e habilidades ao longo do tempo, marcando o curso de vida no sentido de um pleno desenvolvimento na fase adulta.[8]

Entretanto, a fala de Patrícia ressalta alterações no período da vida que marca esse ganho de experiência e maturidade, parece que as idades em que ocorrem tais transformações não estão mais tão claras. Quando ela diz que o adulto de hoje é o adolescente de ontem, traz a percepção de que a fase adulta não tem se realizado no mesmo período de vida em que era há um tempo. Ou seja, a juventude parece se prolongar, estendendo-se até as idades em que antes já se era considerado adulto. Com isso a obtenção do *status* de adulto se torna mais indefinida no tempo, embora não nas qualidades que o delineiam. Ambos associaram a fase adulta com a responsabilidade,

---

[8] Pappámikail, 2010.

com o sustento da vida material através do trabalho e de saber se posicionar diante das circunstâncias da vida.

Outra dificuldade que pôde ser observada foi a ausência de reflexão anterior sobre o tema. Quando Gabriel diz "é difícil essa pergunta, hein! Nunca pensei...", a ausência de reflexão anterior se mostra clara. Embora Gabriel estivesse com 30 anos de idade e se considerasse de certa forma adulto, ao ser questionado sobre o que seria esse ser adulto, mostrou-se surpreso. Quando perguntei se ele se sentia da forma que descreveu um adulto, respondeu que "ah eu me sinto (risos)... me considero, vamos dizer assim (risos)". Aqui há uma sutileza que também pode mostrar essa indefinição, diz que "se sente", mas corrige que "se considera". Parece haver algum hiato entre o considerar-se de forma racional e o sentir-se propriamente, afetiva e subjetivamente.

Diante dessas surpresas sobre a pergunta do que seria um ser adulto, o que foi bem recorrente entre os jovens entrevistados, podemos pensar que não está tão claro nas perspectivas pessoais quem os jovens estão se tornando ao crescer. A imagem da criança, do idoso e mesmo do adolescente parecem mais bem definidas, tanto que são utilizadas como contrastes para entender o que não é o adulto. E o que ele seria então? Se seguirmos na perspectiva de que a fase adulta representa o período da vida que marca o desenvolvimento do ser, enquanto indivíduo, nas relações familiares, sociais e políticas, será que sabemos quem queremos ser?

Estabilidade e equilíbrio

Não só a dificuldade em responder a essa pergunta, mas também as percepções sobre a alteração de *timing* no curso de vida se mostraram com certa frequência entre os jovens entrevistados corroborando a literatura que tem tratado da transição no período recente.[9] Para

[9] Brückner & Mayer, 2005.

além disso, a fase adulta foi vista também como algo pesado, não agradável ou não considerado bom.

> Pra falar bem a verdade, a fase adulta é uma droga. Então... ah... Uma pessoa adulta... ai, que pergunta difícil, né... acho que é uma pessoa equilibrada. [Em quem você pensa quando pensa numa pessoa adulta?] Em quem eu penso? Uma referência, né... eu acho que... eu não sei assim... da nossa geração, eu não consigo encarar a gente como adulto, sabe... porque tem uma leveza também. Eu acho que adulto mesmo assim é meu pai e minha mãe (risos), sabe? Porque é... tem uns compromissos que... ninguém que eu conheço assume assim... não assumiu por enquanto... mesmo... conseguir encontrar esse equilíbrio nas dificuldades, sabe, de equilibrar as emoções, e pagar as contas, você entende? Tudo, assim, me parece um pouco que... a minha geração é uma geração que assume as coisas, mas de uma maneira um pouco juvenil até, sabe. Não sei explicar isso, eu não consigo me ver como adulta e não consigo ver meus amigos como adultos (Ana – 26 anos, dos 13 aos 18 no Japão, solteira, sem filhos, superior em Letras, professora).
>
> Adulta? Ah não sei... é difícil falar, porque eu não acho, assim, que eu sou um adulto... mesmo tendo 25 anos, acredito ainda que eu sou meio moleque, eu acho. Mas assim: adulto eu acho que tem mais, assim, responsabilidades, é mais estressado, eu acho que é assim, se preocupa muito mais... é assim, eu acho que em certo ponto ser assim adulto às vezes é um pouco chato, né, se você comparar com o que a gente foi antigamente, adolescente, criança, assim (Bernardo – 24 anos, de 1 aos 23 anos no Japão, solteiro, sem filhos, cursando Educação Física, comerciante).

A juventude e a infância, ao serem vistas como fases mais leves e divertidas, trazem por contraste o peso e a chatice da fase adulta como marcantes. O equilíbrio entre as responsabilidades materiais e emocionais diante das circunstâncias difíceis da vida foi visto como algo a se atingir para um senso de pertencimento ao mundo adulto. Esse ideal de equilíbrio e seriedade como características de adultos parece estar baseado nas gerações imediatamente anteriores, dos pais e avós. Entretanto esses familiares que se tornam referências para os jovens viveram suas fases adultas em outro tempo histórico, que foi anterior às grandes e aceleradas mudanças testemunhadas pelos jovens atualmente em contexto de capitalismo global.

Quando as gerações anteriores são tomadas como referências, a perspectiva dos jovens sobre suas próprias dificuldades toma uma dimensão que merece ser olhada de perto. O jovem hoje, vivendo em sua própria pele, tem o desafio de equilibrar o mundo subjetivo, emocional, com a sobrevivência material e parece sentir que há realmente uma incapacidade pessoal em atingir algo que as gerações anteriores, supõe-se, teriam realizado de forma séria e talvez em idades mais jovens, sem tanta dificuldade.

Utilizar os parâmetros individuais e familiares, sem considerar o tempo histórico e social em que as gerações atravessam o processo de transição, pode gerar ainda mais um senso de inadequação. Isso se traduz em uma sensação de não amadurecimento diante do passar do tempo, necessário à formação do indivíduo enquanto ser adulto. Considerar as interações entre as dimensões individuais, familiares e históricas a partir da perspectiva de curso de vida[10] nos abre um leque que permite olhar com mais amplitude e profundidade para esses dilemas.

Apesar de narrarem a percepção de incapacidade de dar conta de suas vidas, tanto Ana quanto Bernardo, em idades próximas aos 25 anos, assumiam responsabilidades sobre suas vidas materiais e também sobre suas relações interpessoais de forma que poderíamos considerar bastante maduras. Ana aos 25 anos de idade tinha terminado o Ensino Superior em Letras e estava atuando em sua área de formação. Teve o primeiro trabalho aos 18 anos e foi morar sozinha aos 19. Estava unida no período de realização da pesquisa, ela e o com-

---

[10] Hareven, 1978.

panheiro estiveram morando juntos, mas seguiram unidos morando em casas diferentes. Naquele momento morava sozinha e sustentava sua casa. No decorrer da entrevista, Ana conta sobre o momento que foi morar sozinha como "a melhor coisa que fez na vida", e também sobre como sair da casa dos pais lhe trouxe independência.

> Eu acho que foi... ter conquistado independência emocional... porque... é muito difícil, né... você se sentir sozinha e saber que você tá sozinha... que você precisa... se bancar de todas as maneiras, financeiramente, emocionalmente... tudo assim... eu acho que... isso foi mais difícil... mas agora que eu consegui isso também, eu não sei se... eu acho que tô... meio largada da vida também (risos). [Você acha que foi bom?] Foi muito bom, muito bom, que era o que eu buscava, né, quando eu fui viajar pelo mundão. Eu pensei "nossa, eu acho que você precisa aprender a caminhar sozinho pra poder dividir sua vida com outra pessoa"... e daí eu consegui isso, sabe... mas aos trancos e barrancos... mas eu consegui então eu acho que foi a melhor coisa que eu fiz na minha vida, ter ido morar sozinha, ter viajado sozinha, ter feito tudo sozinha (Ana – 26 anos, dos 13 aos 18 no Japão, solteira, sem filhos, superior em Letras, professora).

Ainda assim, em seu relato, repete algumas vezes que não se sente adulta porque, além de sentir falta de certo equilíbrio na vida entre as demandas materiais e emocionais, também percebe diferença entre a geração dos pais e a "nossa geração, eu não consigo encarar a gente como adulto, sabe... porque tem uma leveza também. Eu acho que adulto mesmo assim é meu pai e minha mãe (risos), sabe?". Essa distância entre o modelo ideal do que seria um adulto, baseado na geração dos pais, e a realidade dos jovens no momento presente parece colaborar para o sentimento de ainda não ser o que se esperava que fosse.

Ainda é possível olharmos para a questão do termo *equilíbrio* entre as demandas emocionais e materiais. Algo equilibrado está, em certa medida, estável. Embora tivesse conquistado independência material e emocional, Ana não sentia o equilíbrio desejado entre essas dimensões da vida, como esperava ter, segundo a visão que teve de seus pais. O movimento da vida mais dinâmico supõe certo desequilíbrio, até para que o movimento ocorra. Ou seja, as mudanças só acontecem a partir de um desequilíbrio inicial de algo que estava posto, seguido de alguma alteração e nova organização.

Ao considerar a sociedade atual e as intensas transformações por que passamos em termos de tecnologia, comunicação, transportes, que alteram nossa percepção de espaço e tempo, poderíamos supor que estamos em alguma fase de desequilíbrio que antecede qualquer mudança. Este é um momento em que não parece fácil atingir alguma estabilidade. O equilíbrio e a estabilidade são aqui considerados essas qualidades que caracterizam o adulto e contrastam com a instabilidade e o desequilíbrio como os jovens são classificados.

Quando o mundo social em que vivemos apresenta esse chão instável, como seria possível se formar a partir da obtenção de equilíbrio e estabilidade? Esse ideário que não encaixa na realidade social pode gerar ainda mais esse senso de ainda não ser, embora não se tenha tanto mais aonde chegar. Ao seguir falando sobre a vida adulta, Ana também reconhece que os jovens de sua geração estão conduzindo suas vidas, mas de uma forma que não condiz com aquilo que se esperava que fosse a forma adulta como a conhecíamos. "A minha geração, é uma geração que assume as coisas, mas de uma maneira um pouco juvenil até, sabe." Esse modo juvenil parece caracterizar as novas conformações de ser adulto em um contexto de instabilidade e desequilíbrio, o que, de fato, requer leveza para se sustentar.

Essa visão que percebe a leveza e a jovialidade no mundo adulto atual também foi considerada por outros jovens entrevistados, mas, ao contrário de ser vista como uma inadequação, foi integrada ao jeito que seria "bom" de se tornar adulto. Anderson também ficou confuso ou surpreso com a pergunta inicial de como ele consideraria que fosse uma pessoa adulta, pediu mais informações sobre o que eu gostaria de saber para ter certeza de como responder a indagação. Ao refletir, toma a si mesmo como parâmetro, inicialmente a partir da idade e depois com considerações sobre modos de vida, trazendo a diversão e a jovialidade como pontos positivos de uma vida adulta em sua concepção.

> Adulta? Como assim? Dia a dia dela assim? [Pensando o que é uma pessoa adulta, quais características ela teria?] Ah vou falar por mim, acho... 31 é adulto já, né? (risos) [Você se considera adulto?] Ah já, acho que já, né, 31 anos, moleque não é mais, né?... Ai, acho que tem responsabilidade, acima de tudo responsabilidade, entendeu? Acima de tudo responsabilidade, trabalhar, se divertir também, né, com certeza. Porque tem gente que acha que adulto é aquele cara velho que fica em casa, né, vira aquele velho, né. Não é verdade? Tem gente que resume isso a adulto. Não, adulto pra mim é outra concepção, é pessoas que têm suas responsabilidades, suas obrigações, deveres, entendeu? Mas também têm seu lado pra se divertir. Sua independência. [Você se considera assim?] Eu me considero assim. (Anderson 31 anos, dos 12 aos 18 no Japão, solteiro, sem filhos, superior completo, arquiteto).

Acima de tudo responsabilidade

A responsabilidade foi a característica unânime para descrever uma pessoa adulta. Embora inicialmente muitos tenham demonstrado dificuldade em dizer imediatamente o que consideravam uma pessoa adulta; após um pouco de silêncio e reflexão, a ideia de responsabilidade surgiu em quase todos os relatos obtidos.

> (silêncio) Pessoa adulta... hum, ah eu acho que é uma pessoa que tem responsabilidades e ela é independente (risos), o que eu não sou ainda cem por cento, né... [Você não se sente assim? Se considera?] Cem por cento não, eu acho que eu ainda... apesar que eu sou mãe, tenho minha família... eu ainda tô um pouco grudada na saia da minha mãe, a gente ainda é bem dependente de pai e mãe, eu e meu marido (Laís – 35 anos,

casada, um filho de um ano e três meses, superior completo, técnica administrativa).

(silêncio prolongado) Ah uma pessoa que tem responsabilidade, tem ciência das responsabilidades, né, que pode... pode agir de acordo com isso, né, sabendo lidar com as consequências também, né, acho que tem mais a ver com responsabilidade (Heitor – 35 anos, noivo, sem filhos, superior em Direito, fotógrafo).

Segundo Meira,[11] a palavra "responsabilidade" traz desde sua origem etimológica o significado de uma qualidade daquele que possui a capacidade de responder por seus próprios atos ou de outrem. Mas, para além de apenas responder, também está ligada a um senso de comprometimento e compromisso, tem um sentido de garantir e assegurar.

Vê-se que não se trata de uma resposta qualquer: conota uma resposta compromissada com a verdade. [...] A etimologia fornece dois elementos importantes: resposta (ou capacidade em responder) e liberdade limitada. Aceitar e assumir responsabilidades leva à perspectiva que, em tendo responsabilidade, o indivíduo encontra-se apto a responder, adquire voz ativa e é liberto, no limite possível que um indivíduo pode atingir, dentro das relações com o grupo.[12]

Esse termo teve um grande destaque em relação aos demais termos que também estão associados ao mundo adulto em uma dimensão subjetiva, como os ganhos de autonomia, liberdade e também independência. Enquanto estes (autonomia, liberdade e independência) estão relacionados a momentos de escolha individuais e possibilidade de execução dessas escolhas, a responsabilidade parece ser a capacidade de sustentá-los ao longo do tempo. Para

---

[11] Meira, 2009.
[12] *Idem*, p. 194.

além disso, a responsabilidade também é uma característica que tem muito mais comprometimento com o grupo e a ideia de limites claros das liberdades individuais. Essa característica, como vimos anteriormente, é bastante forte na cultura japonesa e se expressou no Brasil a partir da ética dos débitos (*on*) que opera entre as famílias nipo-brasileiras.

Por que era difícil saber o que é uma pessoa adulta? Esses silêncios, essas reflexões e o "não saber" sobre uma fase da vida que é a própria fase em que os indivíduos vivem também dizem algo. Os jovens vivem sob uma perspectiva temporal que orienta a vida para um futuro, para um lugar de realização e desenvolvimento "plenos", e teoricamente esse lugar é composto também (mas talvez não só) pela aquisição das capacidades que caracterizam uma pessoa adulta.

Apesar disso, muitos começaram a discorrer sobre o assunto tomando por base as próprias vidas naquele momento. Ou seja, embora não fosse uma questão refletida, já era sim vivenciada de modo que esses jovens se consideravam de alguma forma como pertencentes ao grupo social de adultos. Além de si próprios, as principais referências que apontaram como sendo de pessoas adultas orbitaram entre os pais e os companheiros conjugais, sendo estes unidos ou não. Geralmente essas eram as pessoas com quem podiam contar em momentos de dificuldade e nas quais buscavam apoio e suporte. Um chão quando este parecia lhes faltar. Embora a transição seja esse processo de conquista do próprio espaço, ele não parece acontecer de forma linear, como vimos anteriormente; a reversibilidade tem sido uma questão atual e frequente em relação aos marcos transicionais demográficos.

O corpo e seus espelhos

A imagem do tornar-se adulto ao se apresentar ligada a uma corporeidade nos remete de alguma forma aos ritos de passagem das sociedades tradicionais, em que os corpos passavam por processos físicos em rituais que demarcavam a alteração de um *status* a outro dentro do grupo. Embora nas sociedades modernas não tenhamos esses tipos de demarcações tão rígidas, o corpo segue, de alguma forma, representando os sentidos de tempo e passagem do tempo, individual, familiar e social. Um corpo no mundo. Quando consideramos a trajetória desses corpos pelo mundo, como no caso dos jovens transmigrantes, muitas outras marcas podem ser grafadas no sentido de sentir-se ou tornar-se adulto.

De qualquer modo, o corpo que se sente adulto é aquele que anda com as próprias pernas, e, assim, trazemos essa questão da mobilidade e da possibilidade de se mover de forma autônoma, relativamente independente e teoricamente livre. Junto com essas questões acerca da capacidade de escolhas e execução de suas próprias ações, o que apareceu como mais determinante na percepção dos jovens como características de sua vida adulta foi o momento seguinte às escolhas: a responsabilidade.

> O rito de passagem de forma institucionalizada nas sociedades modernas parece suprimido. Sem sua celebração, perdem-se elementos importantes. Muito mais do que elaborações ou dramatizações secundárias que, à primeira vista, parecem aparar os conflitos gerados pela transição difícil de uma posição a outra, o foco dos ritos de passagem não é apenas o jovem. Alcançam a dimensão do indivíduo como proposição da mudança de *status*, promovem o voltar-se para o outro, um sentir por intermédio do estar e fazer juntos.[13]

Esse "voltar-se para o outro" dialoga diretamente com o tema principal que foi apontado pelos jovens *nikkeis* sobre a noção de ser adulto: a responsabilidade. Nesse sentido chegar nesse ponto

---

[13] *Idem*, p. 191.

individual de ser capaz de responder por si mesmo e por outrem é sempre responder também para um outro. Aqui observamos a noção de valores que operam colocando o coletivo e o comum antes dos interesses individuais. Essa é também uma das fortes características da cultura japonesa herdada pelas famílias nipo-brasileiras, as ideias de *giri* (expectativas coletivas) e *ninjo* (desejo); como vimos, o primeiro representa a lealdade aos valores sociais e coletivos, enquanto o segundo representa a inclinação individual – pela ética japonesa, os interesses individuais sempre devem ceder aos coletivos.[14]

> Pessoa adulta tem que ter responsabilidade, tem que ser... pra mim essa que é a primeira coisa... e independência também, né, e educação que eu acho que faz muita diferença, né, sei lá... eu acho que... não digo educação estudo necessariamente mas você tem que ser, pensar nos outros também, né, não só em você... eu acho que é mais isso... que pode fazer o que ela quiser fazer, mas ela tem que saber que vai ter consequência, porque eu sou assim, é... eu penso sempre na consequência, não ajo por impulso, muito difícil assim eu agir por impulso... e eu acho que adulto é isso, assim, não tem a ver com relacionamento de... formar família... nada disso, eu acho que é ter responsabilidade, tem que arcar com as consequências (Camila – 24 anos, dos 6 aos 18 no Japão, solteira, sem filhos, superior em andamento, secretária executiva em empresa de esporte).

Do ponto de vista subjetivo, as dimensões de responsabilidade e independência foram bastante mobilizadas para descrever o sentido de ser adulto entre os jovens entrevistados. Esses aspectos não estão desvinculados dos eventos que descrevem a transição também do ponto de vista objetivo. As relações sociais, econômicas e interpessoais também são fatores que alteram a percepção dos jovens sobre si mesmos e sua condição enquanto adultos ou não.

[14] Cardoso, 1995.

No eixo em que apresentamos as experiências passadas dos jovens, as esferas da educação e do trabalho foram exploradas e discutidas em relação às experiências migratórias e suas influências no curso de vida. No eixo que representa o momento presente, as dimensões de formação de domicílio, união conjugal e parentalidade são mobilizadas para compreender os momentos de se tornar adulto a partir também desses eventos.

5.4 A CONQUISTA DO PRÓPRIO CHÃO: A SAÍDA DE CASA COMO PRINCIPAL MARCADOR DE TRANSIÇÃO

Embora a transição para a vida adulta seja vivida enquanto um processo que passa por diferentes etapas, o evento que parece ter sido mais significativo do ponto de vista dos jovens para se sentirem adultos foi a saída da casa dos pais e a separação da família de origem. Esse marco transicional muitas vezes é associado à entrada em união conjugal e formação de um novo domicílio.

Para esse grupo de jovens que apresentou um perfil transicional mais voltado ao mundo do trabalho, a saída da casa dos pais esteve na maior parte das vezes associada a essa esfera da vida. A entrada no mercado de trabalho foi, inclusive, muitas vezes apontada como o primeiro momento na vida dos jovens em que sentiram que estavam se tornando mais adultos. O trabalho foi também um primeiro marco significativo, embora a formação de domicílio, concomitante à entrada em união conjugal ou não, foi considerada o evento principal como marcador de transição pelos jovens.

Sair de casa é um movimento que vai do âmbito privado da família para o mundo público, para a esfera política e do trabalho. Assim sendo, vemos que é um movimento que ocorre a partir de um lugar de dependência, sendo a esfera privada o lugar por excelência da mulher e da criança nas sociedades modernas patriarcais, para um espaço de relativa independência, liberdade e responsabilidade do âmbito público.

A discussão sobre a esfera privada e a esfera pública nos direciona também para a questão das diferenças de gênero na transição para a vida adulta. Essas diferenças operam a partir de uma hierarquia convencionalmente aceita e legitimada entre a esfera pública ser reconhecida como superior, e o mundo privado, da casa e da família, o "suporte" para que o trabalho no mundo externo possa se realizar. Colocar a saída de casa, a entrada no mundo público como um marco de adultez seria também relegar às mulheres que seguem realizando trabalhos domésticos mesmo após a idade adulta a eterna condição de dependentes, imaturas e por consequência submissas às decisões de outrem.

As figuras de linguagem que foram utilizadas como categorias analíticas para compreender o período de transição para a vida adulta e o próprio sentido de tornar-se adulto apresentaram um aspecto de gênero de forma sutil. As principais figuras utilizadas pelos homens tinham um sentido de mobilidade e saída para o mundo, exposição e desafios de "andar com as próprias pernas" e "dar a cara para bater". As mulheres utilizaram figuras que representavam a segurança do "teto", da "casa", do "canto", o "cortar as asas e ter os pés no chão".

Entre os homens, surgiram falas como: "Já dei minha cara bastante pra bater"; "(Falta)... se virar sozinho. Aqui eu não tô conseguindo fazer isso, só que eu já passei por isso no Japão. [...] eu já tive isso temporariamente, [...] eu conheço o caminho pra chegar lá"; "Será que é isso aqui, é essa a sensação de independência? De tá sozinho... caminhando com as próprias pernas, né..."; "Eu acho que eu sugo eles [os pais], porque eu acho que já tá na hora de sair um pouco debaixo das asas deles"; "Eu já tava andando com as próprias pernas, sabe? Então eu já tava com mais experiência"; "Minha história, de alguém que saiu de casa, novinho ainda, 21 anos, pra levar tapa na cara da vida e ver noia na rua... me dá segurança isso, cara!"; "Porque se *tivesse* preso na barra da saia da minha mãe até hoje, eu não ia ser assim, não seria assim, mais pela maturidade".

Entre as mulheres as figuras que surgiram tiveram os aspectos que representam mais essa imobilidade da casa, do teto, da segurança: "Maturidade, né, maturidade, ela [a pessoa adulta] ter o pé no chão..."; "Enquanto eles [os pais] ainda estavam me dando um teto, eu ainda era dependente deles"; "Quem casa quer casa"; "Quando eu comecei a bancar a casa"; "Meu pai sempre cortou minhas asas assim, mas eu hoje agradeço muito porque hoje eu sou... centrada, pé no chão"; "Ter um canto meu... ter um lugar meu sozinha, sem estar com alguém por necessidade".

Em nosso grupo entrevistado, apenas uma jovem estava fora do mercado de trabalho no período das entrevistas, ela tinha tido filho havia um ano e três meses, estava fazendo a adaptação da bebê para ficar com os avós e buscava retornar ao mercado de trabalho. Era fisioterapeuta e sentia que iria "regredir" em relação à sua independência financeira depois da maternidade e da saída do mercado de trabalho.

> [Você se sente como uma pessoa adulta?] Sim, sim... tirando a parte financeira agora que eu vou regredir um pouco... sim! (risos) Da família já... tudo bem que não tenho minha casa (própria) ainda, mas... eu acho que... a vida adulta começa a partir do momento que você começa a ter uma certa responsabilidade e ter uma certa independência financeira... (Larissa – 32 anos, unida, uma filha de 1 ano e 3 meses, superior completo, fisioterapeuta).

Larissa era unida conjugalmente e residia com o companheiro e a filha na residência de fundos da casa dos sogros. Durante a gestação com complicações, passou um tempo vivendo também com os pais.

Considerando que o perfil de nosso grupo entrevistado tenha realizado a transição para a vida adulta principalmente pelas esferas do trabalho e do estudo tanto entre os homens quanto entre as mulheres, o diferencial de gênero se apresentou mais forte nas representações simbólicas dos jovens do que nas experiências vividas propriamente. A migração e a forte valorização dos estudos e do trabalho fizeram com que o perfil de transição entre os homens e as mulheres do grupo fosse mais semelhante entre si.

A saída da casa dos pais e a sensação de estar se tornando "mais adulto" estiveram bastante vinculadas ao movimento migratório, tanto do Japão para o Brasil pelos jovens filhos de imigrantes, quanto do Brasil para o Japão no caso dos bolsistas das províncias japonesas de seus avôs. Quando questionados sobre quando começaram a se sentir mais adultos, algumas respostas foram:

> Acho que, quando fui pro Japão... deve ter sido... um divisor de águas... fui morar sozinho... estava longe de todo mundo que você conhece, né? (Gabriel – 30 anos, viveu no Japão por um ano como bolsista aos 22 anos).
> Senti mais independência quando saí de casa, que fui morar com o marido. Sentia apoio na família do meu marido (Rose – 30 anos, viveu dos 8 aos 19 no Japão, retornou e saiu da casa dos pais com essa idade para viver com o marido no Brasil).
> Depois que saí de casa, senti uma coisa de descoberta, antes eu era a filha da minha mãe e do meu pai [...] descoberta de quem eu sou (Marcia – 31 anos, viveu dos 9 aos 21 no Japão, saiu da casa dos pais com 17 anos ao retornar para o Japão sozinha depois de tentar um ano de adaptação no Brasil com a família).
> Eu acho que foi essa última vez que voltei pra cá (Brasil)... foi essa vez que voltei pra cá... Em 2009, porque meio que rompi com a parte da família da minha mãe, que era a família que eu tinha morado até então. [...] aí eu fui pra Brasília, trabalhar e tudo, e aí foi a primeira vez que aluguei apartamento sozinho, com meu dinheiro, aí eu falei assim, é agora... Acho que realmente... foi nesse momento que eu senti que, pra manter tudo aquilo, só dependia de mim. Acho que foi o momento que... a ruptura foi aí... de tipo: "Ah realmente, né, será que é isso aqui, é essa a sensação de independência?". De tá sozinho... caminhando com as próprias pernas, né (Giulio – viveu no Japão dos 12 aos 26 anos de idade, saiu da casa dos

pais duas vezes ao retornar para o Brasil e foi morar sozinho pela primeira vez aos 26 no terceiro retorno). Quando comecei a trabalhar e morar sozinho, aqui (no Brasil). Lá no Japão não, no Japão não era, morava com meus pais, meu dinheiro era meu, fazia o que eu quisesse (Danilo – 27 anos, dos 12 aos 18 no Japão, saiu da casa dos pais aos 22 anos de idade).

A saída da casa dos pais se mostrou um movimento significativo na percepção sobre a responsabilidade e os processos de autonomia e independência desejadas pelos jovens. No entanto, esse movimento de saída nem sempre se segue da formação de um domicílio independente nos arranjos em que os jovens gostariam. Muitos passaram por processos de vida em diferentes arranjos domiciliares, principalmente enquanto estudavam, até a conquista de seu próprio chão. Para aqueles que já haviam saído da casa dos pais, mas ainda não viviam no arranjo domiciliar de sua preferência, esse objetivo seguia sendo perseguido. Para os jovens que viviam com os pais, a saída e a conquista de sua própria casa foram vistas como o passo que faltava para se sentirem plenamente adultos.

[O você acha que falta pra que se sinta como uma pessoa adulta?] É, eu acho que falta essa parte financeira da gente conseguir se manter sozinho, sem ajuda de ninguém, né, de tá morando sozinho... coisa que se a gente fosse pro exterior, com certeza a gente ia ter que fazer sozinho, né, porque não ia ter pai nem mãe pra ajudar (Laís – 35 anos, não esteve no Japão, casada e tem um filho pequeno, mora no apartamento da mãe com o marido e o filho).
Não dividir mais apartamento... casa com as pessoas, ter um canto meu [...] ter um lugar meu sozinha, sem estar com alguém por necessidade. Antes eu até pensava "quero comprar um apartamento, casa, carro", ainda penso, só que agora eu tô postergando pra quando *tiver* aposentada. Porque por enquanto quero viajar (Patrícia – 28 anos, viveu dos 10 aos 16 no Japão. Saiu da casa dos pais aos 16 e viveu em diferentes arranjos

domésticos, com parentes e amigos; quando ocorreu a entrevista, dividia uma casa com mais duas amigas).

Tanto os jovens que moravam com seus pais desde sempre até aqueles que já tinham saído da casa dos pais e retornado relataram o mesmo objetivo como requisito para se sentirem mais adultos.

> É... acho que, quando eu sair... quando eu tiver a minha casa, eu vou falar "puta, agora eu sou adulta mesmo, né!". É esse sentimento (Maria – 32 anos, esteve no Japão como bolsista, mora com os pais).
> Falta sair de casa. E... ter mais coragem pra tomar decisões eu acho também, assim, eu preciso... ter coragem pra pagar minhas contas, tipo parar de depender dos meus pais em relação ao aluguel e eu tenho medo de sair de casa e não dar conta [...] eu acho que falta essa coragem de tomar decisões, é, sem pensar nos outros assim, sem pensar em magoar os meus pais, ou sem pensar em não ter dinheiro pra... bancar... me bancar e ajudar eles. Então acho que falta... a responsabilidade eu acho que já tenho. Falta a coragem mesmo (Camila – 26 anos de idade, viveu dos 6 aos 18 no Japão, residia com os pais).
> Acho que um passo (que falta) é morar sozinho outra vez, né, e ter assim condições, é, de me, assim, de me manter, eu acho. Independente da família (Bernardo – 25 anos, viveu de 1 aos 22 anos de idade no Japão, tinha saído da casa dos pais aos 15, 17 e aos 21 por conta da migração e de vivência no futebol, morava novamente com os pais quando ocorreu a entrevista).

Os jovens que viviam com os pais ou em outros arranjos domiciliares consideravam que estavam naquelas condições por certo tempo, com objetivo de realizar sonhos futuros. O suporte material e financeiro oferecido pela família ou mesmo em arranjos compartilhados era um lugar de transição, um apoio que permitiria que os jovens realizassem o sonho do seu próprio chão para crescer.

Maria morava com a família, tinha um trabalho estável em uma empresa japonesa havia cinco anos e um namoro longo em que faziam planos de viver juntos. Considerava que não saía da casa dos pais pois assim poderia fazer uma poupança para comprar seu próprio imóvel e morar com o companheiro. Bernardo, que também morava e trabalhava no negócio da família, mantinha-se junto com os pais para conseguir cursar a faculdade na área de esportes, que ele sempre quis – a faculdade era particular, e ele tinha um gasto grande para manter-se estudando. Camila, embora não tivesse planos definidos, não tinha saído da casa de seus pais por insegurança com o futuro, sem saber se conseguiria se manter sozinha. Também se preocupava se a decisão individual de sair poderia afetar negativamente sua família.

Ter chão, crescer e dar frutos: relacionamentos e filhos

O evento da transição para a vida adulta que menos encontramos dentre os jovens nipo-brasileiros foi a maternidade/paternidade. Do grupo todo de 17 jovens entrevistados, apenas quatro mulheres tinham filhos, e todas estavam em uniões estáveis ou casadas. Em relação à união conjugal, dos 17 jovens, 10 deles já tinham entrado em união pelo menos uma vez, entretanto nem todos se encontravam assim no momento das entrevistas. Os eventos que marcam a formação de novas famílias foram menos experimentados pelos jovens, embora grande parte estivesse no intervalo superior de corte de idade considerado para a vida adulta (29 anos no Brasil e 35 no Japão).

Isso não significa, no entanto, que essa não fosse uma dimensão considerada importante. Dos que não estavam unidos, mas se encontravam em uma relação afetiva estável, os planos eram de união e/ou casamento. Em relação a maternidade e paternidade, de todos os jovens entrevistados, apenas uma disse não ter planos sobre ter filhos: "já pensei vagamente, mas nada concreto". Todos os outros tinham vontade, alguns sabiam quantos filhos queriam ter e até em que idades, as mulheres principalmente se preocupavam em ter filhos até os 34 anos de idade. Dois jovens disseram não querer ter filhos biológicos, mas adotar uma criança, ser de alguma forma referência para uma criança.

A maior parte dos jovens disse que, para ter filhos, precisaria primeiro ter uma estabilidade financeira e de trabalho. Das jovens que tinham filhos, esse evento foi marcante em suas transições. Rose e Sara tiveram o primeiro filho por volta de 20 anos de idade, e Larissa e Laís, em torno dos 30.

> Eu acho que é... o lado de ser pai e de ser mãe te torna uma pessoa mais adulta, mesmo que às vezes você já tem uma certa idade, mas você não tem tanta responsabilidade, né... quando você tem filho, pô, você começa a cair a ficha, você fala "poxa, eu tenho que cuidar de uma vida, né", então... acho que você acaba se tornando um adulto por causa disso (Sara – 34 anos, não esteve no Japão, mãe de quatro filhos, teve o primeiro aos 20 anos de idade).

Sara e Rose, que tiveram filhos na faixa dos 20 anos de idade, sentiram a maternidade como um evento significativo em suas entradas na vida adulta. Rose a partir da gravidez retornou ao Brasil, casou-se e foi morar com o marido no fundo da casa dos sogros. Sempre contou com a ajuda dos familiares no cuidado com os filhos; teve o segundo filho depois de cinco anos. A maternidade impactou sua saída do mercado de trabalho por um tempo; retornou quando o primeiro filho tinha dois anos. O marido não queria que ela voltasse a trabalhar fora de casa, mas, quando ele se acidentou, ela retomou o trabalho, reiniciando primeiro em uma agência de viagem por indicação do irmão e depois conseguiu o trabalho no consulado japonês, onde trabalhava havia cinco anos.

Sara entrou em união com o atual companheiro aos 20 anos de idade, quando engravidou. Casaram-se somente depois do nascimento do segundo filho.

Acho que só quando a gente é mãe que a gente, sabe, quando a gente fala é uma coisa..., mas pra quem é mãe... é totalmente diferente, né. Eu acho que é interessante porque, assim, muda tudo! Muda a parte financeira, que a parte financeira você... você tem que pensar nos filhos, você tem que pensar no que cê vai gastar. Muda a parte também do... da responsabilidade. Eu acho que... eu acho que até o que me fez melhorar profissionalmente foram os meus filhos, cê fala "poxa, preciso melhorar, preciso ter mais condições", cê quer dar o melhor pra eles, então você se esforça, você corre atrás, acho que é uma motivação, né. [E na rotina?] Nossa rotina também (risos) de não dormir à noite, de correr no dia a dia [...] Hoje é supercorrido porque tenho quatro filhos, né, então tem que sair de manhã, vou trabalhar... aí fico o dia inteiro, [...] agora, tenho pelo menos os meus pais, eu moro com meus pais aqui, com minha *batchan* (avó), e meus pais que acabam cuidando das crianças pra mim, né, então vou trabalhar, eles vão pra escola [...] aí aqui à tarde ficam todas as crianças junto com meus pais, com a minha vó, um cuidando do outro... e aí eu volto à noite, né... E a minha sorte mesmo é porque eu tenho meus pais pra dar uma força... (Sara – 34 anos, não esteve no Japão, mãe de quatro filhos, teve o primeiro aos 20 anos de idade).

Larissa e Laís, que tiveram filho um pouco mais velhas, com 31 e 34 anos respectivamente, também sentiram que esse evento é o que mais chama para a tomada de responsabilidade, pois tem outra vida que passa a depender delas. Se, em um primeiro momento, a efetivação da vida adulta é sair de casa e responder por si mesmos, quando os jovens entram em união conjugal e/ou têm filhos, as redes familiares voltam a ser novamente tecidas agora em diferentes arranjos. As jovens que tiveram filhos, independentemente da idade ou da trajetória migratória, contaram fortemente com a rede de apoio familiar no cuidado com as crianças para poder seguir suas carreiras e seus estudos.

Laís conta com a ajuda da mãe, com quem mora junto, e dos sogros, que moram perto; Larissa está ficando bastante tempo na casa dos pais para adaptar sua filha a ficar com os avós para que possa voltar a trabalhar em sua profissão. Conta que, depois que teve sua filha, sentiu que "regrediu" em relação à independência financeira. O marido de Larissa também diz que ela não precisa trabalhar, mas esse desejo de retornar ao mercado de trabalho passa por sua realização pessoal para além da formação familiar.

> Eu senti, assim, que é muita responsabilidade, mas também é muito amor, né, muito legal, mas também a liberdade, a liberdade já era, né, de você fazer o que quer, tem mais liberdade pra nada [...] eu já não tava mais no pique de ficar saindo, mas assim às vezes eu sinto falta de ter a liberdade de... ai... não só de ter filho, mas de tá casada também (Laís – 35 anos, não esteve no Japão, casada e teve filho com 34 anos de idade).

A questão da liberdade e de necessidade de uma maior rede de apoio foi mais sentida e considerada pelas mulheres que tiveram filhos. As relações dos pais das crianças foram relatadas como boas em todos os casos, entretanto todas consideravam que os pais tinham vontade de ajudar e até se esforçavam, mas que ao final quem acabava cuidando de fato dos trabalhos com as crianças eram elas e os familiares.

> Ajuda bastante, mas também tem o lado preguiçoso de homem que diz "depois eu faço" e esse depois não chega nunca, então acaba fazendo pra não ter dor de cabeça (Laís – 35 anos, casada, tem um filho de ano e meio). Ele participa, desde a gestação, do começo, participou sempre do pré--natal, foi sempre junto, viu o parto [...] dar banho, trocar fralda, se precisar ele faz, mas prefere não fazer porque sente não saber (Larissa – 32 anos, casada, tem uma filha de um ano).

Na esfera da família, a relação desigual dos papéis de gênero se mostrou explícita, inclusive quando as jovens relatam que seus companheiros ou maridos não gostariam que elas voltassem a trabalhar fora de casa depois de terem filhos. Apesar das restrições e dos desejos dos companheiros, as mulheres que tinham sido mães se mobilizaram com seus familiares para seguir suas profissões e o trabalho fora de casa, buscando crescer profissionalmente e garantindo o bom cuidado de seus filhos.

Ana, que aos 26 anos de idade estava formada no Ensino Superior e trabalhando em sua área, unida conjugalmente e residindo em domicílios independentes, relatou que o que sentia que faltava para se sentir adulta era ter um filho. Em seu imaginário, as responsabilidades que essa tarefa exige a colocariam em outro patamar em relação à vida que levava naquele momento.

> Olha, eu acho que... no dia que eu tiver um filho, daí eu vou pensar "agora, agora"... não sei se eu posso falar aqui (risos), "agora fodeu, putz, agora eu preciso, né, não é nem que eu vou me sentir, agora eu preciso!... tem uma pessoa que depende de mim". Acho que é isso, sabe! Meus amigos, a gente não depende de ninguém, e também não tem ninguém dependendo da gente, acho que a gente não sente isso na pele, sabe, é uma coisa meio... Acho que a gente tá tudo meio jogado assim, sabe, esperando melhorar... (Ana).

A questão da dependência/independência que notamos nessa fala de Ana nos trouxe a reflexão de que, se, em um primeiro momento, a busca pela independência da família de origem faz parte do processo de transição para a vida adulta, na sequência, ter relações de interdependência parece ser chegar ao lugar do adulto. A maior parte dos jovens entrevistados para esta pesquisa estava em uma fase de busca ou conquista de sua própria independência e assumindo responsabilidades sobre suas próprias vidas. Os projetos futuros, entretanto, seguiam na esteira do que foram as trajetórias familiares de seus pais e avós. Apesar de a migração e as sociedades capitalistas contemporâneas suscitarem rupturas e deslocamentos de visões e práticas, a continuidade familiar parece persistir no imaginário e nas realidades dos jovens nipo-brasileiros em São Paulo. Embora as relações de interdependência ocorram sempre nas relações sociais, o lugar privilegiado e legitimado dessas relações é a esfera familiar, por onde os jovens buscam realizar esse pertencimento ao mundo em que habitam. O mundo do trabalho e as esferas públicas delineadas pelo sistema capitalista de produção operam com a lógica de um individualismo que separa cada um e sua própria busca pessoal. Esse sistema alimentado por competição e ideais de liberdades individuais acaba por tornar cada indivíduo responsável por suas próprias conquistas e derrotas. O olhar comparativo e competitivo estimulado nesse âmbito termina por fragilizar ainda mais os laços sociais e de solidariedade que poderiam ser mais comuns entre diversos tipos de relações, mas que ficaram confinados à esfera da vida privada e familiar, onde os jovens seguem buscando por esse refúgio seguro.

5.5 Quais futuros possíveis?

Em relação ao futuro, trabalhamos com as expectativas e os sonhos dos jovens, se teriam e quais seriam seus planos. Também podemos observar a relação que os jovens podem ter hoje com perspectivas temporais, de curto e/ou longo prazo. Assim, consideramos as questões sobre a percepção do tempo no momento contemporâneo, em que transitamos entre uma ideia moderna de tempo linear – que parece ainda ser nosso referencial ideal –, e uma percepção temporal que se encurta, em que os avanços em comunicações e transportes nos colocam em tempo simultâneo, virtual, em que "o presente parece ser tudo que existe".[15]

---

[15] Hall, 2000, p. 70.

Eu penso (sobre o futuro), eu penso, antes eu pensava muito, ficava louca, mas agora eu não penso muito não... Eu penso que, assim, eu tenho que continuar trabalhando, assim, antigamente, o limite, né, no Japão eu pensava muito no final de semana, eu acho que aqui eu penso: "ai, todo ano então eu chego nas férias eu vou viajar", tá bom, pra mim tá bom, entendeu, viver assim tá ótimo [...] então é assim, o meu limite é sempre de um ano, é até as próximas férias [...] então tá bom viver assim, de um ano em um ano porque eu acho que, pra quem viveu de final de semana, de repente vira uma velha que começa a projetar de 20 em 20 anos [...] se as coisas acontecerem dentro desse um ano, ok também, mas eu acho que é isso assim, pensar de pouquinho em pouquinho. Nunca é como antes: "daqui cinco anos vou comprar uma casa, daqui dez anos vou ter um filho...". [Você pensava assim?] Pensava, logo que cheguei (no Brasil)..., mas acho que é um pouco de fuga, de não querer viver o presente, pra achar que no futuro vai ser melhor, mas e se nunca melhorar, né? Você vai ficar o tempo inteiro vivendo isso, né? Não dá pra viver assim (Ana – 26 anos, dos 13 aos 18 no Japão, solteira, sem filhos, superior em Letras, professora).

Esse relato de Ana demonstra uma mudança na relação com as dimensões temporais da vida. Depois de cinco anos de bastante dificuldade em se adaptar no Brasil, ela passa a trazer o olhar para mais próximo de onde/quando vive. A perspectiva de viver em outro tempo ou em outro lugar parece fazer parte do imaginário principalmente dos jovens que cresceram em migrações de caráter transnacionais, suspensos entre os espaços. Quando diz que no Japão vivia "a cada final de semana", fica bem clara a falta de perspectiva e de planejamentos possíveis de futuro em processos migratórios, que não sejam os retornos imaginados. No Brasil seu olhar se direciona para o período de férias em que planeja suas viagens. Estar em trânsito parece ser algo aprendido e praticado até que a vida encontre um sentido.

Outros jovens que tiveram seus planejamentos frustrados também relataram que não fazem mais muitos planos porque, segundo eles, "não adianta muito fazer planos". Larissa, que tinha objetivo de viajar em intercâmbio para o Canadá quando foi para o Japão, diz que, ao conhecer o atual marido no Japão, todos os seus planos mudaram, casou-se e teve uma filha e agora não pretende mais viajar. Seus planos agora são de construir a casa própria e não precisar mais viver na parte do fundo da casa dos sogros nem com os pais.

Entretanto, dos jovens que tinham planos claros para si, estes passavam de forma compartilhada pelas expectativas socialmente esperadas: ter estabilidade no trabalho, casar, ter filhos, ter a casa própria. Esse foi o desejo expresso pela maior parte dos jovens entrevistados para esta pesquisa. Esses ideais que assumem uma característica de certa estabilidade na vida, como vimos, estão estreitamente ligados aos valores e às referências que esses jovens tiveram de seus pais.

> [Você acha que falta ainda algo para que se sinta uma pessoa adulta?] Falta! Casar, ter filho, comprar uma casa! Acho que o homem completa, né, o homem, estabilizar financeiramente. [Você se sentiria mais adulto?] Não adulto, mais realizado, mas pra essa realização tem que estar bem mais adulto, mais maduro. É o tempo (Anderson – 31 anos, dos 12 aos 18 no Japão, arquiteto).
>
> Tenho (planos futuros), eu quero num curto espaço de tempo começar a trabalhar na minha área, é... adoro trabalhar com eventos, então eu quero ir pra esse ramo de eventos. Assim, em relação a relacionamentos, eu quero me estabilizar, claro, mas casamento não é uma coisa em que eu penso assim a curto prazo. Vou terminar a faculdade, vou curtir o que tiver que curtir. Aí depois eu penso em relação a casamento, mas no campo profissional, que é o que mais me puxa agora, é isso, entrar na minha área e seguir pra área de eventos... ah e ter uma casa, assim, nós (pai e mãe) temos uma casa, que é nossa, né, é comprada, mas eu não enxergo ela como minha, eu vejo ela como dos meus pais... (Camila – 24 anos, dos 6 aos 18 no Japão, solteira, sem filhos, superior em andamento, secretária executiva em empresa de esporte).

Sim, daqui uns cinco anos gostaria de trabalhar com esporte, gostaria de ser preparador físico e também penso em constituir família, mas primeiro penso na parte profissional. (Bernardo – 24 anos, de 1 aos 23 anos no Japão, solteiro, sem filhos, cursando Educação Física, comerciante).

Esses sonhos compartilhados parecem ser o norte dos jovens para o processo de finalização de suas transições para a vida adulta. Embora vivam em um contexto de alta reversibilidade dos eventos que marcam a transição, como muitos deles inclusive vivenciaram, alcançar a estabilidade com a casa própria, o casamento e o sucesso profissional parece ser o objetivo.

Entre pensar ou não, planejar ou não o futuro, os jovens nipo-brasileiros vivem o presente no Brasil marcados por suas trajetórias migratórias e as heranças das trajetórias migratórias de seus antepassados. Esse grupo que se forma como uma população imigrante desde sua origem no Brasil está de certa forma há mais de um século na busca por um solo seguro. Os japoneses que vieram para o Brasil no início do século XX buscavam a terra dourada onde diziam que havia muito ouro. Os nipo-brasileiros que foram ao Japão buscavam melhores condições de vida, e os filhos desses imigrantes seguem em trânsito por essa busca entre Brasil e Japão. Os jovens que entrevistamos faziam parte daquele grupo que, a despeito das dificuldades encontradas ao retornar ao Brasil, decidiu permanecer e "tentar a vida aqui". Foram os descendentes da migração que cresceram entre dois mundos buscando repousar seu próprio corpo em seu próprio chão.

CONSIDERAÇÕES FINAIS

Este trabalho está inserido no campo de estudos que aborda as relações entre a transição para a vida adulta e as migrações internacionais contemporâneas. Buscamos refletir sobre as influências ou consequências da migração internacional de filhos de imigrantes nos processos de transição para a vida adulta desses jovens. Dessa maneira optamos pelo referencial teórico de curso de vida,[1] o qual adota uma perspectiva temporal da vida e considera tanto as influências de eventos anteriores em eventos subsequentes, quanto as interações entre os tempos histórico, familiar e individual. Para explorar essas relações, trabalhamos com o grupo populacional que representa os migrantes que se formam no espaço entre Brasil e Japão, um espaço social transnacional.

O objetivo foi compreender os sentidos de se tornar adulto e as implicações da experiência migratória nesse processo. Como os filhos de migrantes experimentam e interpretam a condição de imigrantes desde a infância? Ter a possibilidade de viver nos dois países acentuaria a sensação de provisoriedade que a migração suscita? Quais possibilidades e constrangimentos são oferecidos a eles nesse contexto social expandido? Esses jovens seriam estrangeiros em seu próprio país? As influências do tempo e do lugar seriam

[1] Hareven, 1978; Elder, 1978.

facilmente reelaboradas em um contexto social transnacional? Quais são os sentidos de se tornar adulto no mundo contemporâneo? Como se tornar adulto em contexto migratório transnacional? Como organizam e sonham suas vidas?

Iniciamos resgatando a origem histórica desse contingente populacional que se consolida em solo brasileiro no início do século XX. Os jovens entrevistados, pertencentes a famílias nipo-brasileiras, são em grande parte netos de japoneses que chegaram ao Brasil no passado. A pesquisa de campo captou essa ligação forte com os antepassados uma vez que as histórias dos avós passam a ser narradas pelos jovens, mesmo que não tivesse sido feita uma pergunta diretamente sobre esse tema. Assim, compreender essa origem – de onde vêm – pareceu ser uma questão importante para começarmos a discutir o tema da migração, dos migrantes e da continuidade desse processo em tempos recentes. Se a pergunta central deste trabalho orbita sobre quem esses jovens querem ser, pareceu ser algo relevante resgatar antes quem foram e de onde vieram.

A migração histórica entre Brasil e Japão, seus desdobramentos e suas continuidades em tempos recentes, foi o primeiro tema a ser olhado de perto. Entender a formação desse grupo populacional no Brasil e suas características, seus valores e seus ideais norteadores de ação passa por reconstruir a história desse grupo étnico no Brasil. Quando resgatamos o processo da imigração japonesa do início do século XX, podemos compreender melhor o grupo de jovens, descendentes dessa história. Esse contingente populacional se consolida a partir da permanência (não esperada) dos japoneses em solo brasileiro, principalmente depois do advento da Segunda Guerra, a preservação e a mobilização de valores culturais japoneses no processo de adaptação e a integração desses imigrantes na sociedade brasileira.[2]

[2] Cardoso, 1995.

A emigração de parte desse contingente populacional rumo ao Japão em período recente segue atualizando a relação entre os dois países. Nesse contexto, os jovens que foram entrevistados, filhos desses migrantes, carregam não só memórias familiares, mas também suas vivências entre os dois países, os códigos culturais de influência japonesa que permeiam essas famílias há mais de um século. Trabalhamos com dois conjuntos de códigos, que puderam ser resumidos a partir dos termos em língua japonesa. Alguns deles foram incorporados na sociedade brasileira a partir da migração, como *gaijin* (estrangeiro), *nihonjin* (japonês) e *dekassegui* (trabalhador temporário que veio de fora). Outros menos conhecidos, mesmo entre a população nipo-brasileira, representam valores culturais dos japoneses que seguiram sendo praticados e atualizados ao longo do tempo, como *on* (ética dos débitos), *giri* (expectativas coletivas) e *ninjo* (aspiração individual).[3] Essa herança cultural, que poderíamos chamar de *uma ética nipo-brasileira*, possibilitou-nos compreender os comportamentos e as aspirações dos jovens em suas trajetórias de vida, seja educacional, laboral ou familiar.

Os jovens entrevistados relataram que no Japão não eram considerados japoneses, ou seja, não pertenciam à categoria de identificação que poderia descrevê-los como *nihonjin*. Lá eles são estrangeiros, *gaijin*. Entretanto, quando no Brasil, por carregarem no corpo as marcas da ascendência étnica pelo fenótipo japonês, são muitas vezes reconhecidos como japoneses. Muitos relataram esse conflito identitário que, inclusive, já foi bastante explorado pela literatura especializada nesse tema, pois esse conflito surge desde os primeiros imigrantes brasileiros no Japão, a geração dos pais desses jovens. Esses primeiros imigrantes brasileiros no Japão deram início a um novo fenômeno migratório e com ele a uma nova forma de identificação

---

[3] *Idem.*

de migrantes entre Brasil e Japão, conhecidos como *dekassegui* – nipo-brasileiros fora de seu lugar. E que lugar seria esse seu? Embora esse termo tenha sido amplamente difundido entre os grupos migrantes e mesmo entre a mídia especializada e a literatura acadêmica sobre o tema, na presente pesquisa ele passa a ser questionado pelos próprios jovens interlocutores e filhos desse fenômeno. O termo *dekassegui*, as características e as conotações que carrega passam a ser rejeitadas pelas novas gerações de migrantes. Essa rejeição se mostrou de forma explícita, entretanto não poderíamos generalizar esse resultado para todos os filhos de imigrantes *dekasseguis*.

Essa foi uma constatação encontrada entre os jovens entrevistados para esta pesquisa, que no momento da entrevista viviam no Brasil. Buscavam por sua formação educacional e inserção no mercado de trabalho qualificado, justamente para que não tivessem o destino em fábrica de *dekasseguis*, como muitos mencionaram enfaticamente. A geração de seus pais já não era nem japoneses no Japão, nem brasileiros no Brasil, mas enquanto imigrantes se tornaram *dekasseguis* nos dois lugares. Esses jovens não querem se tornar *dekasseguis*. Então, quem querem ser quando crescer?

Os jovens explicam o retorno ao Brasil e o investimento na formação educacional como projetos pessoais e também familiares, a fim de não reproduzirem a vida de imigrante no Japão; não qualquer imigrante, mas aquele fora de lugar, nas condições de peão de fábrica – *dekasseguis*. Esses mesmos jovens agora no Brasil, no decorrer de suas falas, compararam-se a amigos e familiares que permaneceram no Japão e estão no circuito *dekassegui*. Nesse sentido reafirmam que a melhor escolha para si mesmos tenha sido voltar para o Brasil e tentar outra vida. Mencionaram também alguns casos de amigos e amigas, considerados casos raros, exceções à regra, que estão inseridos na sociedade japonesa com formação superior em universidades japonesas ou no mercado de trabalho japonês, como *nihonjin* – pertencentes ao espaço social que ocupam.

Dessa forma, reconhecemos que estamos lidando com uma das faces do conjunto de experiências por que passam os filhos de imigrantes brasileiros no Japão. Trabalhamos com o grupo que estava atravessando a transição para a vida adulta no Brasil e tem nessa escolha uma forte valorização dos estudos e do trabalho como forma de crescimento pessoal e amadurecimento. Isso não significa dizer que os jovens que permaneceram no Japão não sustentem valores similares, apenas não tivemos acesso às motivações e aspirações desses jovens e de como estão vivendo do outro lado, uma vez que nosso campo ficou limitado ao Brasil.

Essa constatação sobre a escolha dos jovens de não permanecer no Japão com base na reflexão sobre seu próprio futuro nos permite tratar de parte do primeiro conjunto de questões levantadas para este trabalho. Ao questionarmos sobre a influência do processo migratório no curso de vida dos indivíduos, pudemos observar que a primeira emigração em direção ao Japão, de forma praticamente imposta pela família, já cria uma primeira ruptura ou *turning point* do que seria o curso de vida desses jovens, caso não tivessem emigrado. Saem do Brasil em idades muito novas ou escolares, chegam do outro lado do mundo sem saber falar a língua e se inserem no sistema educacional japonês ou brasileiro voltado para filhos de imigrantes. A adaptação ao sistema educacional no Japão não foi uma experiência tranquila para nenhum dos jovens entrevistados. Todos se sentiram deslocados e inseguros em maior ou menor grau.

Para os jovens que estudaram em escolas japonesas, a sensação foi sempre de estarem atrasados em relação aos japoneses da mesma idade. Os jovens em escolas brasileiras tiveram experiências mais variadas; aqueles que no Brasil já tinham frequentado a escola e dominavam a língua portuguesa se sentiram adiantados em relação ao currículo escolar, mas atrasados em relação às vivências no Japão. Os que passaram de escola japonesa para brasileira se sentiam atrasados, e todos de alguma forma se sentiam deslocados tanto nas escolas japonesas quanto nas brasileiras. Relatam que levaram alguns anos para a adaptação, principalmente na escola japonesa.

Depois de vivenciar parte da trajetória educacional no Japão e muitas vezes com idas e vindas passando alguns períodos de vida escolar no Brasil, esses jovens seguem no Japão alcançando idades em que podem começar a trabalhar. Parece ser principalmente nesse momento que a condição de *dekassegui* como um imigrante que ocupa postos de trabalhos indesejados, sem qualificação profissional, passa a ser mais fortemente rejeitada pelos jovens. Reconhecem essa condição de seus pais e de outros imigrantes adultos e não aspiram a esse futuro para si mesmos.

Essas escolhas não foram feitas apenas por um ideal de futuro ou preconceito contra a condição de imigrante *dekassegui*, muitos dos jovens entrevistados tiveram a experiência concreta – na pele – desse tipo de trabalho no Japão. Começaram a trabalhar em idades jovens, muitas vezes enquanto também estudavam. As experiências relatadas foram de trabalhos árduos, cansativos e muitas vezes pesados e com longas jornadas. Alguns jovens que estudaram em escolas japonesas iniciaram também sua trajetória laboral no Japão, mas em trabalhos do tipo *arubaito*, que se configura como um tipo de trabalho informal e de jornada de tempo parcial, às vezes de finais de semana ou algumas horas semanais. Independentemente do tipo de trabalho, a maioria iniciou a vida laboral entre 14 e 17 anos no Japão, e outros entre 18 e 22 anos já retornados ao Brasil.

O retorno migratório nessa fase pode ser considerado como um segundo *turning point* nas vidas desses jovens. Esse ponto de virada esteve estreitamente ligado ao processo de transição para a vida adulta, dessa maneira consideramos que o retorno, com as motivações que nos foram relatadas, também pode ser considerado como mais um evento marcador da transição para a vida adulta desses jovens migrantes. Embora estejamos tratando a volta ao Brasil com o intuito de formação educacional e inserção no mercado de trabalho como "um retorno", reconhecemos que esse movimento não é definitivo e que a migração entre Brasil e Japão se apresenta de forma bastante circular. Entretanto, o retorno que foi vivido por esses jovens e a forma como buscaram se adaptar e se inserir na sociedade brasileira os coloca nesse grupo que viveu de alguma forma um retorno um pouco mais duradouro.

Trabalhar com um grupo populacional que se reconhece como migrante desde sua origem no Brasil (desde os primeiros imigrantes japoneses) e segue esse movimento por gerações nos trouxe também a tarefa de pensar a implicação desta condição: a condição do migrante. Nesse sentido trabalhamos com uma imagem que resume o migrante enquanto *átopos*, ou seja, sem lugar, deslocado, tanto no país de origem do qual se ausenta, quanto no destino, onde não ocupa os lugares sociais e de pertencimento reservados a um nativo.[4] Essa condição também altera as relações com o tempo e o espaço em que os migrantes passam a viver e/ou transitar. Em relação ao tempo, há quase sempre a sensação de provisoriedade por se tratar de fluxos que se iniciaram com objetivos de temporalidades curtas. Em relação ao espaço há uma relação de suspensão que se inter-relaciona com a provisoriedade do tempo. Assim, entendemos esse pairar ou mesmo fluir como uma das situações que são vividas por certo tempo entre grupos migrantes e conformam um jeito de olhar, sentir e planejar a vida.

Os filhos de imigrantes que formaram o grupo principal desta pesquisa cresceram nessa condição no Japão e aprenderam desde muito novos essa forma de se relacionar com tempo e espaço em um contexto social transnacional. É interessante contrapor as imagens

[4] Sayad, 1998.

que representam os temas relacionados neste livro, desde a condição migratória e essa suspensão que a descreve, às imagens relacionadas a ser adulto enquanto ter chão e ter corpo. Se a migração é essa condição provisória que mantém os migrantes de certa maneira suspensos dos espaços sociais em que transitam, tornar-se adulto poderia ser visto como um (re)pouso a partir da conquista de um chão próprio.

Nesse sentido podemos relacionar os processos de migração e transição para a vida adulta de forma bastante imbricada. Se por um lado a emigração e o retorno podem alterar o curso de vida e criar pontos de virada nas trajetórias e transições dos jovens, de outro a transição para a vida adulta, e as características que a supõem, poderia ser vista também como um processo capaz de romper com a condição de imigrantes dos jovens.

O chão e o corpo, como imagens para trabalhar a conquista de um espaço próprio e de maturidade enquanto adultos, nos trouxeram os valores e os ideais que norteiam o planejamento e a construção de vida dos jovens entrevistados. Esses valores e ideais estão baseados na condição de estabilidade e equilíbrio que descreveriam uma vida adulta, também no cumprimento de responsabilidades consigo e com o meio em que vivem. Os valores estão alinhados com o que os jovens tiveram como referência de pessoas adultas, que em geral foram os próprios pais, vistos como aqueles que conquistaram certa estabilidade social, econômica e emocional.

Essa geração anterior é considerada, portanto, como depositária de valores que conferem o estatuto de adultos. Observamos que esses valores e sua concretização são herdados não apenas do tempo histórico e das condições macroestruturais em que os pais desses jovens viveram, mas também, no caso específico desta pesquisa, das heranças de influências da cultura japonesa.

Há aqui uma relação importante a se fazer entre os tempos históricos, em que esses pais e mães se tornaram adultos, em uma época e geração diferentes das dos jovens entrevistados hoje, e também entre os tempos familiares e individuais. Os jovens no interior das famílias olham para seus pais como aqueles que se tornaram adultos e atingiram a maturidade e estabilidade almejada. Depois de um tempo, essa família emigra para o Japão e rompe com esse ideal. Os jovens crescem nesse contexto de certa provisoriedade e instabilidade social, econômica e emocional que a migração suscita. Assim, embora sua referência de adultos seja a de seus pais antes da migração, no processo migratório todos, pais e filhos, se encontram igualmente sem chão, ainda que uns mais maduros do que outros.

As relações no interior das famílias muitas vezes acabam por perder ou inverter os referenciais de cuidados e responsabilidades. Em quase todos os casos, os jovens passaram a trabalhar muito cedo e assumir junto com os pais as responsabilidades pela sustentação da casa e do projeto familiar de retorno ou de aquisição de um bem comum, um imóvel no Brasil ou a melhora financeira da família. Em um caso específico ainda observamos a inversão dos papéis, quando Camila, por exemplo, passou a sustentar a família em um período de adoecimento do pai, crise econômica no Japão e consequente desemprego da mãe.

Ainda que com certo compartilhamento de papéis de responsabilidade ou mesmo inversão de papéis do ponto de vista de sustentação da vida material, os lugares de autoridade e respeito à hierarquia se mantiveram inquestionáveis do ponto de vista interpessoal e simbólico. O respeito dos jovens pelas decisões do mais velhos foi algo encontrado de forma unânime, o que pudemos compreender também pela formação cultural das famílias nipo--brasileiras a partir da ética dos débitos – o *on*.[5] Essa solidez dos papéis e das representações simbólicas dos mais velhos e da hierarquia que organiza as famílias nipo-brasileiras parece ter sido capaz de sustentar

[5] Cardoso, 1995.

a imagem dos pais como referências de pessoas adultas, ainda que esses pais e mães também estivessem expostos a uma condição social de instabilidade e suspensão espaçotemporal no momento de crescimento e educação desses filhos no Japão. A promessa de retorno à estabilidade sempre se dava com a concretização do retorno ao Brasil e a continuidade da vida depois de um período de ausência temporária.

As entrevistas da pesquisa de campo com um grupo principal composto por jovens filhos de imigrantes *dekasseguis* e outro grupo que nos permitiu fazer contrapontos à experiência da migração puderam ajudar a compreender as influências da migração na transição para a vida adulta. Os jovens nipo-brasileiros que não tinham experienciado a migração na infância apresentaram um perfil de transição para a vida adulta mais próximo ao encontrado nos resultados do Censo de 2010 no estado de São Paulo. Uma transição mais tardia no sentido de passar mais tempo no sistema educacional e entrar no mercado de trabalho um pouco mais velhos do que o geral do estado. A entrada em união conjugal também foi mais tardia em relação aos paulistas não descendentes de japoneses.

Os jovens que cresceram em contexto migratório transnacional saíram bem cedo do sistema educacional e tiveram novos retornos, uma trajetória educacional de descontinuidades entre escolas brasileiras e japonesas no Japão e escolas brasileiras de Ensino Fundamental e Médio. Também entraram bem cedo no mercado de trabalho, bem mais jovens do que a média para os nipo-brasileiros em São Paulo, e posteriormente entraram novamente no sistema de ensino, em nível superior.

A migração afetou o *timing* da transição, em que todos se sentiam atrasados; esse atraso não dizia respeito somente ao tempo cronológico, mas também a uma sensação de não ter chegado ainda ao lugar que buscavam: o retorno a um solo estável e seguro, no qual era idealizada a vida adulta no Brasil.

Exploramos neste trabalho os processos de transição para a vida adulta de jovens que retornaram ao Brasil depois de terem passado parte de sua infância e adolescência no Japão; observamos que nascer e crescer em um espaço social ampliado, transnacional, tem influências nesse período da vida em que escolhas e direções são tomadas na formação do indivíduo adulto. Para pesquisas futuras, seria interessante conhecer como passam por essas transições aqueles jovens que permaneceram no Japão e se tornaram adultos naquele contexto social. Essa intersecção entre a transição para a vida adulta e as migrações internacionais se mostra um campo fértil de pesquisa, uma vez que cada vez mais as populações têm se movimentado em diferentes direções do planeta.

REFERÊNCIAS

ARIÈS, Philippe. *História social da criança e da família*. Rio de Janeiro, Jorge Zahar Editor, 1978.

ASADA, Hideko. "Ethnic relationships between Japanese-Brazilians and Japanese: Examining factors apt to foster 'living together' (日系ブラジル人と日本人の民族関係：共生の視点から)". *Intercultural Communication Studies*, EUA, n. 4, 2001.

ASARI, Alice Yatiyo. "O retorno dos migrantes trabalhadores *nikkeis* ao Brasil". *Revista Geográfica de América Central*, Costa Rica, vol. 2, n. 47E, 2011, pp. 1-21.

BAUMAN, Zygmunt. *Modernidade líquida*. Trad. Plínio Dentzien. Rio de Janeiro, Jorge Zahar Editor, 2001.

BELTRÃO, Kaizô I. & SUGAHARA, Sonoe. "Permanentemente temporário: *dekasseguis* brasileiros no Japão". *Revista Brasileira de Estudos de População*, São Paulo, vol. 23, n. 1, 2006, pp. 61-85.

____. "O ciclo e a tangente: *dekasseguis* brasileiros no Japão (Questionário B)". *Texto para discussão 27*, Rio de Janeiro, Ence, 2009a.

____. "Trabalhadores que retornaram ao Brasil após trabalharem no Japão (Questionário C)". *Texto para discussão 28*, Rio de Janeiro, Ence, 2009b.

BLANCO, Mercedes. "El enfoque del curso de vida: orígenes y desarrollo". *Revista Latinoamericana de Población*, Buenos Aires, vol. 5, n. 12, 2011, pp. 5-31.

BÓGUS, Lucia Maria Machado; BAENINGER, Rosana & MAGALHÃES, Luís Felipe. "Migração internacional na América do Sul". *Travessia – Revista do Migrante*, São Paulo, n. 87, 2019, pp. 23-44.

BONATTI, Thiago F. "Entre famílias e enxadas: os três principais fluxos imigratórios dos japoneses para o Brasil (1908-1958) e suas diferentes características demográficas". *Revista de Demografía Histórica – Journal of Iberoamerican Population Studies*, Barcelona, vol. 38, n. 2, 2020, pp. 35-55.

BOURDIEU, Pierre. "Um analista do inconsciente". *In*: SAYAD, A. *A imigração: ou os paradoxos da alteridade*. São Paulo, Edusp, 1998, pp. 9-12.

BRITO, Cláudia R. *Escola alegria de saber: uma escola brasileira no Japão (1995--2011)*. São Carlos, Centro de Educação e Ciências Humanas, Universidade Federal de São Carlos, 2012 (Tese de doutorado).

BRÜCKNER, Hannah & MAYER, Karl Ulrich. "De-standardization of the life course: what it might mean? And if it means anything, whether it actually took place?". *Advances in Life Course Research*, EUA, vol. 9, 2005, pp. 27-53.

BUCHMANN, Marlis. *The script of life in modern society: Entry into adulthood in a changing world*. Chicago, University Chicago Press, 1989.

CAMACHO, Luiza M. Y. "Valores culturais japoneses presentes na educação dos nipo-brasileiros". *In*: KISHIMOTO, T. M. & DERMATINI, Z. B. F. (org.). *Educação e cultura: Brasil e Japão*. São Paulo, Edusp, 2012, pp. 91-106.

CAMARANO, Ana Amélia (org.). *Transição para a vida adulta ou vida adulta em transição?* Rio de Janeiro, Ipea, 2006.

CAMARANO, Ana Amélia; MELLO, Juliana L. & KANSO, Solange. "Do nascimento à morte: principais transições". *In*: CAMARANO, A. A. (org.). *Transição para a vida adulta ou vida adulta em transição?* Rio de Janeiro, Ipea, 2006, pp. 31-60.

CANCLINI, Nestor García. *Hybrid cultures: Strategies for entering and leaving modernity*. Minneapolis, University of Minnesota Press, 1995.

CARDOSO, Ruth C. L. *Estrutura familiar e mobilidade social: estudo dos japoneses no Estado de São Paulo*. Trad. e org. Masato Ninomiya. Edição bilíngue. São Paulo, Primus Comunicação, 1995.

CASTRO-VÁZQUEZ, Genaro. "Immigrant children from Latin America at Japanese schools: Homogeneity, ethnicity, gender and language in education". *Journal of Researcher in International Education*, vol. 8, n. 1, 2009, pp. 57-80.

CHAMBOREDON, Jean-Claude. "Adolescence et post-adolescence: La 'juvénisation'". *In*: LEBOVICI, S.; ALEON, A. M. & MORVAN, O.

Adolescence terminée, adolescence interminable. Paris, PUF, 1985, pp. 13-28.

CHITOSE, Yoshimi. "Demographic profiles of brazilians and their children in Japan". *The Japanese Journal of Population*, Tokyo, vol. 4, n. 1, 2006, pp. 93-114.

DEBERT, Guita Grin. "Envelhecimento e curso da vida". *Estudos Feministas*, Florianópolis, vol. 5, n. 1, 1997, pp. 120-128.

____. "A dissolução da vida adulta e a juventude como valor". *Horizontes antropológicos*, Porto Alegre, vol. 16, n. 34, 2010, pp. 49-70.

DIAS, Nilta. "Crianças e jovens brasileiros no Japão: educação, cultura e inquietudes". *Quaestio – Revista de Estudos em Educação*, Sorocaba, vol. 19, n. 3, 2017, pp. 607-629.

ELDER, Glen H. "Family history and the life course". *In*: HAREVEN, T. K. (org.). *Transitions: The family and the life course in historical perspective*. New York, Academic Press, 1978, pp. 17-64.

____. "Families and lives: Some developments in life-course studies". *Journal of Family History*, US, vol. 12, n. 1-3, 1987, pp. 179-199.

____. "Time, human agency, and social change: Perspectives on the life course". *Social Psychology Quarterly*, Washington, vol. 57, n. 1, 1994, pp. 4-15.

ELDER, Glen H.; JOHNSON, Monica K. & CROSNOE, Robert. "The emergence and development of life course theory". *In*: MORTIMER, J. T. & SHANAHAN, M. J. (ed.). *Handbook of the life course*. New York, Kluwer Academic Publishers, 2003, pp. 3-19.

FAIST, Thomas. "Migrants as transnational development agents: an inquiry into the newest round of the migration–development nexus". *Population, Space and Place*, Inglaterra, vol. 14, n. 1, 2008, pp. 21-42.

FREITAS, Patrícia Tavares. "Mobilidades e etnicidade nos territórios da costura". *Sociologias*, Porto Alegre, ano 24, n. 59, 2022, pp. 296-326.

FUSCO, Wilson & SOUCHAUD, Sylvain. "De volta para casa: a distribuição dos brasileiros retornados do exterior". *Confins. Revue Franco-Brésilienne de Géographie/Revista Franco-Brasileira de Geografia*, n. 9, 2010.

GALIMBERTTI, Percy. *O caminho que o dekassegui sonhou. Cultura e subjetividade no movimento dekassegui*. São Paulo, Educ/Fapesp/Ed. UEL, 2002.

GLICK-SCHILLER, Nina. "The situation of transnational studies". *Identities*, London, vol. 4, n. 2, 1997.

GOMES, Romeu *et al*. "Organização, processamento, análise e interpretação de dados: o desafio da triangulação". *In*: MINAYO, M. C. S. (org.). *Avaliação por triangulação de métodos: abordagem de programas sociais*. Rio de Janeiro, Editora Fiocruz, 2005, pp. 185-221.

HALL, Stuart. *A identidade cultural na pós-modernidade*. 7. ed. Rio de Janeiro, DP&A, 2002.

HANNERZ, Ulf. "Fluxos, fronteiras, híbridos: palavras-chave da antropologia transnacional". *Mana*, Rio de Janeiro, vol. 3, n. 1, 1997, pp. 7-39.

HAREVEN, Tamara K. "Introduction: The historical study of the life course". *In*: HAREVEN, Tamara K. (org.). *Transitions: The family and the life course in historical perspective*. New York, Academic Press, 1978, pp. 1-16.

____. *Family time and industrial time: The relationship between the family and work in a New England industrial community*. New York, Cambridge University Press, 1982.

____. "Novas imagens do envelhecimento e a construção social do curso da vida". *Cadernos Pagu*, Campinas, n. 13, 1999, pp. 11-35 (Dossiê Curso da Vida Adulta e Gerações).

HAREVEN, Tamara K. & MASAOKA, Kanji. "Turning points and transitions: Perceptions of the life course". *Journal of Family History*, EUA, vol. 13, n. 1, 1988, pp. 271-289.

HARTMANN, Douglas & SWARTZ, Teresa Toguchi. "The new adulthood? The transition to adulthood from the perspective of transitioning young adults". *Advances in Life Course Research*, EUA, vol. 11, 2006, pp. 253-286.

HARVEY, David. *Condição pós-moderna: uma pesquisa sobre as origens da mudança cultural*. São Paulo, Loyola, 1998.

HIRANO, Fabio Y. *O caminho para casa: o retorno do* Dekasseguis. Campinas, Instituto de Filosofia e Ciências Humanas, Universidade Estadual de Campinas, 2005 (Dissertação de mestrado).

HOGAN, Dennis P. & ASTONE, Nan Marie. "The transition to adulthood". *Annual Review of Sociology*, California, vol. 12, 1986, pp. 109-130.

HOUAISS, Antônio. "Dicionário Houaiss da língua portuguesa". *Houaiss*, 2007. Disponível em <http://houaiss.uol.com.br>. Acesso em 31/1/2024.

ISCHIDA, Camila Aya. *A experiência* Nikkei *no Brasil: uma etnografia sobre imaginários e identidades*. São Paulo, Faculdade de Filosofia, Letras e Ciências Humanas, Universidade de São Paulo, 2010 (Tese de doutorado).

ISHIKAWA, Eunice Akemi. *Brasileiros no Japão: de temporários a permanentes*. Shizuoka, 2009, pp. 74-85 (Relatório Coexistência multicultural na província de Shizuoka – Análise dos resultados da pesquisa sobre as condições de trabalho dos estrangeiros na província de Shizuoka).

_____. "Condições das crianças e jovens brasileiros no Japão e suas perspectivas". *In*: KASHIMOTO, Tizuko M. & DEMARTINI, Zélia de Brito Fabri (org.). *Educação e cultura: Brasil e Japão*. São Paulo, Edusp, 2012.

_____. "Transnational migration between Brazil and Japan: Implication on Brazilian children's education". *Shizuoka University of Art and Culture Bulletin*, vol. 15, 2015, pp. 1-8.

JAMESON, Fredric. "Postmodernism, or the cultural logic of late capitalism". *New Left Review*, London, n. 146, 1984, pp. 53-92.

KAWAMURA, Lili. *Para onde vão os brasileiros?* Campinas, Editora da Unicamp/Fundação Japão, 2003.

_____. "Cambios en la reciente migración de Brasileños a Japón: Redes sociales y culturales". *Anais do XIII Congreso Internacional de la Asociación Latinoamericana de Estudios de Asia y África – ALADAA*. Colômbia, Bogotá, 2011.

KODAMA, Kaori & SAKURAI, Célia. "Episódios da imigração: um balanço de 100 anos". *In*: IBGE. *Resistência e integração: 100 anos de imigração japonesa no Brasil*. Rio de Janeiro, IBGE, 2008, pp. 16-31.

KOHLI, Martin. "The world we forgot: A historical review of the life course". *In*: MARSHALL, V. W. *Later life*. Beverly Hills, Sage, 1986, pp. 271-303.

KOJIMA, Lina. *Migração repetitiva entre o Brasil e o Japão*. São Paulo, Faculdade de Filosofia, Letras e Ciências Humanas, Universidade de São Paulo, 2009 (Tese de doutorado).

LASK, Tomke. "Imigração brasileira no Japão: o mito da volta e a preservação da identidade". *Horizontes Antropológicos*, Porto Alegre, vol. 6, n. 14, 2000, pp. 71-92.

LEVITT, Peggy & JAWORSKY, Nadia B. "Transnationalism migration studies: past developments and future trends". *Annual Review of Sociology*, California, vol. 33, 2007, pp. 129-156.

LITVIN, Aaron. *A adaptação social e econômica dos migrantes brasileiros no Japão*. São Paulo, Faculdade de Filosofia, Letras e Ciências Humanas, Universidade Estadual de São Paulo, 2007 (Dissertação de mestrado).

MACMILLAN, Ross. "The structure of the life course: Classic issues and current controversies". *In*: MACMILLAN, Ross. (ed.). *The structure of life course: Standardized? Individualized? Differentiated?* Minneapolis, University of Minnesota, 2005, pp. 3-24.

MARTINS, Heloisa Helena T. de Souza. "Metodologia qualitativa de pesquisa". *Educação e Pesquisa*, São Paulo, vol. 30, n. 2, 2004, pp. 289-300.

MAXWELL, Roberto. "A segunda geração de brasileiros no Japão: alguns apontamentos sobre a questão da formação da identidade étnica". In: IKEGAMI, S. & ISHIKAWA, E. A. (ed.). *Análise dos resultados da pesquisa sobre as condições de trabalho dos estrangeiros na Província de Shizuoka*. Hamamatsu, Shizuoka, University of Culture and Arts, 2009, pp. 86-102.

MEIRA, Mônica Birchler Vanżella. "Sobre estruturas etárias e ritos de passagem". *Ponto-&-Vírgula: Revista de Ciências Sociais*, São Paulo, vol. 5, 2009, pp. 185-201.

MINAYO, Maria Cecília de Souza (org.). *Pesquisa social: teoria, método e criatividade*. 33. ed. Petrópolis, Vozes, 2013.

MONTEIRO, Edenar Souza. "Percurso profissional de acadêmicos de pedagogia acordo Brasil/Japão". *Revista de Ensino, Educação e Ciências Humanas*, Londrina, vol. 17, n. 3, 2016, pp. 260-265.

MORA-SALAS, Minor & OLIVEIRA, Orlandina. "Responsabilidades familiares y autonomía personal: elementos centrales del proceso de transiciones a la vida adulta". *Estudios Sociológicos*, México, vol. XXVII, n. 81, 2009, pp. 801-835.

NAKAGAWA, Kyoko Yanagida. *Crianças e adolescentes brasileiros no Japão: províncias de Aichi e Shizuoka*. São Paulo, Pontifícia Universidade Católica de São Paulo, 2005 (Tese de doutorado).

_____. "A inserção escolar e social das crianças que retornam do Japão". *Anais do X Congresso da Brasa – Brazilian Studies Association*. Brasília, 2010.

NAKAMOTO, Ana Luisa Campanha. *De volta para casa: um estudo sobre brasileiras e brasileiros retornados do Japão*. São Paulo, Faculdade de Filosofia, Letras e Ciências Humanas, Universidade de São Paulo, 2012 (Tese de doutorado).

OCADA, Fábio Kazuo. "A cultura e o *habitus* japonês: Ingredientes da experiência". *Anais* do XIII Encontro Nacional de Estudos Populacionais. Ouro Preto, 2002.

_____. *A tecelagem da vida com fios partidos: as motivações invisíveis da emigração dekassegui ao Japão em quatro estações*. Araraquara, Universidade Estadual Paulista "Júlio de Mesquita Filho", 2006 (Tese de doutorado).

ODA, Ernani. "Interpretações da 'cultura japonesa' e seus reflexos no Brasil". *Revista Brasileira de Ciências Sociais*, São Paulo, vol. 26, n. 75, 2011, pp. 103-117.

OKAMOTO, Mary Yoko; RESSTEL, Cizina Célia Fernandes Pereira & BARRO, Juliana Fernanda. "Os desafios da educação dos filhos dos decasséguis no Japão". *Zero-a-Seis*, Florianópolis, vol. 23, n. 43, 2021, pp. 838-865.

OLIVEIRA, Adriana Capuano. "Japoneses no Brasil ou brasileiros no Japão? A trajetória de uma identidade em um contexto migratório". *Anais do XI Encontro Nacional de Estudos Populacionais*, Caxambu, 1998.

ORTIZ, Renato. *O próximo e o distante: Japão e modernidade-mundo*. São Paulo, Brasiliense, 2000.

PAPPÁMIKAIL, Lia. "Juventude(s), autonomia e sociologia: questionando conceitos a partir do debate acerca das transições para a vida adulta". *Sociologia: Revista da Faculdade de Letras da Universidade do Porto*, Porto, vol. 20, 2010, pp. 395-410.

PATARRA, Neide Lopes. "Migrações internacionais: teorias, políticas". *Estudos Avançados*, São Paulo, vol. 20, n. 57, 2006, pp. 7-24.

PATARRA, Neide Lopes & BAENINGER, Rosana. "Mobilidade espacial da população no Mercosul: metrópoles e fronteiras". *Revista Brasileira de Ciências Sociais*, São Paulo, vol. 21, n. 60, 2006, pp. 83-102.

PAULILO, Maria Ângela Silveira. "A pesquisa qualitativa e a história de vida". *Serviço Social em Revista*, Londrina, vol. 2, n. 2, 1999, pp. 135-148.

PERALVA, Angelina Teixeira. "O jovem como modelo cultural". *Revista Brasileira de Educação*, Rio de Janeiro, n. 5-6, 1997, pp. 15-24.

PERES, Roberta Guimarães. *Diferenciais por sexo no retorno migratório: o fluxo Criciúma – Estados Unidos – Criciúma*. Campinas, Instituto de Filosofia e Ciências Humanas, Universidade Estadual de Campinas, 2006 (Dissertação de mestrado).

PORTES, Alejandro. *The new second generation*. New York, Russel Sage Foundation, 1996.

QUEIROZ, Maria Isaura Pereira. "Relatos orais: do indizível ao dizível". *Ciência e Cultura*, Campinas, vol. 39, n. 3, 1987, pp. 272-286.

ROBERTS, Bryan R. "Socially expected durations and the economic adjustment of immigrants". In: PORTES, A. (ed.). *The economic sociology of immigration: essays on networks, ethnicity, and entrepreneurship*. New York, Russell Sage Foundation, 1995.

RONCATO, Mariana S. Dekassegui, cyber-*refugiado* e working poor: *O trabalho imigrante e o lugar do outro na sociedade de classes*. Campinas, Instituto de Filosofia e Ciências Humanas, Universidade Estadual de Campinas, 2013 (Dissertação de mestrado).

ROSSINI, Rosa Ester. "Lugar para viver é aqui. Lugar para sobreviver é lá: migração internacional do Brasil para o Japão". *Anais* do XII Encontro Nacional de Estudos Populacionais, Caxambu, 2000.

____. "O sonho de voltar rápido do Japão para viver no Brasil agora é uma utopia: os *nikkeis* do Brasil no Japão". *Anais* do XVI Encontro Nacional de Estudos Populacionais, Caxambu, 2008.

SAKAGUCHI, Noemia Fumi. *Usos, funções e representações da língua portuguesa no Japão: crianças brasileiras do 3º ano do Ensino Fundamental I de escolas homologadas pelo MEC-Brasil*. São Paulo, Faculdade de Educação, Universidade de São Paulo, 2018 (Tese de doutorado).

SAKURAI, Célia. *Romanceiro da imigração japonesa*. São Paulo, Fapesp, 1993.

SASAKI, Elisa M. "*Dekasseguis*: trabalhadores migrantes nipo-brasileiros no Japão". *Textos Nepo 39*, Campinas, 2000.

SAYAD, Abdelmalek. *Imigração ou os paradoxos da alteridade*. São Paulo, Edusp, 1998.

____. "O retorno: elemento constitutivo da condição do imigrante". *Travessia – Revista do Migrante*, São Paulo, n. 1 especial, 2000.

SENNETT, Richard. *A cultura do novo capitalismo*. Rio de Janeiro, Record, 2006.

SHANAHAN, Michael J. "Pathways to adulthood in changing societies: Variability and mechanisms in life course perspective". *Annual Review of Sociology*, California, vol. 26, 2000, pp. 667-692.

SHISHITO, Katiani Tatie. *A expectativa temporal e a permanência de brasileiros no Japão*. Campinas, Instituto de Filosofia e Ciências Humanas, Universidade Estadual de Campinas, 2012 (Dissertação de mestrado).

____. *"Quem" você quer ser quando crescer? Entre tempos e espaços – passagens pela migração e vida adulta*. Campinas, Instituto de Filosofia e Ciências Humanas, Universidade Estadual de Campinas, 2022 (Tese de doutorado).

SPOSITO, Marília Pontes. *A produção de conhecimentos sobre juventude na área de Educação no Brasil*. S. l., s. n., 2001. Disponível em <http://www.hottopos.com/harvard4/marilia.htm>. Acesso em 31/1/2024.

TÓFOLI, Daniela. "Criança brasileira fica sem estudo no Japão". *Folha de São Paulo*, São Paulo, Cotidiano, 7/10/2007, p. 11. Disponível em <http://

www1.folha.uol.com.br/fsp/cotidian/ff0710200720.htm>. Acesso em 15/8/2013.

TOKAIRIN, Cristiane de Oliveira. *A educação das crianças* dekasseguis. Londrina, Universidade Estadual de Londrina, 2010 (Monografia de Conclusão de Curso).

TONGU, Érica A. S. *Migrações, processo educacional e os* dekassegui: *um estudo da rede de relações em torno da criança* nikkei *na escola brasileira no Japão*. São Paulo, Faculdade de Educação, Universidade de São Paulo, 2010 (Tese de doutorado).

TSUDA, Takeyuki. "The permanence of 'Temporary' migration: The 'Structural Embeddedness' of japanese-brazilian immigrant workers in Japan". *Journal of Asian Studies*, Cambridge, vol. 58, n. 3, 1999, pp. 687--722.

TSUNEYOSHI, Ryoko. "The 'new' foreigners and the social reconstruction of difference: The cultural diversification of Japanese education". *Comparative Education*, vol. 40, n. 1, 2004, pp. 55-81.

UENO, Laura S. *Migrantes em trânsito entre Brasil e Japão: uma intervenção psicossocial no retorno*. São Paulo, Instituto de Psicologia, Universidade de São Paulo, 2008 (Dissertação de mestrado).

_____. "Constituindo-se entre dois mundos: crianças na migração Brasil--Japão". *Anais do X Congresso da Brasa – Brazilian Studies Association*, Brasília, 2010.

URANO, Edson. "Migrantes brasileiros no espaço global: reflexões para a construção de políticas sociais transnacionais". *Bulletin of the Faculty of Foreign Studies*, Japão, n. 43, 2009, pp. 159-179.

VERTOVEC, Steven. "Transnationalism and identity". *Journal of Ethnic and Migration Studies*, London, vol. 27, n. 4, 2001, pp. 573-582.

VIEIRA, Joice Melo. "Transição para a vida adulta no Brasil: análise comparada entre 1970 e 2000". *Revista Brasileira de Estudos de População*, São Paulo, vol. 25, n. 1, 2008, pp. 27-48.

_____. *Transição para a vida adulta em São Paulo: cenários e tendências sócio--demográficas*. Campinas, Instituto de Filosofia e Ciências Humanas, Universidade Estadual de Campinas, 2009 (Tese de doutorado).

VINUTO, Juliana. "A amostragem em bola de neve na pesquisa qualitativa: um debate em aberto". *Temáticas*, Campinas, vol. 22, n. 44, 2016, pp. 203-220.

YAMAKI, Marcelo. *Implicações sociais da crise demográfica japonesa*. Campinas, Instituto de Filosofia e Ciências Humanas, Universidade Estadual de Campinas, 2019 (Tese de doutorado).

YAMAMOTO, Lúcia E. "Famílias brasileiras no contexto transnacional: famílias reconstituídas". *REMHU – Revista Interdisciplinar da Mobilidade Humana*, Brasília, vol. 16, n. 30, 2008, pp. 147-163.

Título	Quem você quer ser? Migrações e transições para a vida adulta entre Brasil e Japão
Autoras	Katiani Tatie Shishito Glaucia dos Santos Marcondes
Coordenador editorial	Ricardo Lima
Secretário gráfico	Ednilson Tristão
Preparação dos originais	Vinícius E. Russi
Revisão	Matheus Rodigues de Camargo
Editoração eletrônica	Ednilson Tristão
Design de capa	Estúdio Bogari
Formato	14 x 21 cm
Papel	Avena 80 g/m^2 – miolo Cartão supremo 250 g/m^2 – capa
Tipologia	Minion Pro
Número de páginas	232

ESTA OBRA FOI IMPRESSA NA GRÁFICA CS
PARA A EDITORA DA UNICAMP EM JUNHO DE 2024.